PENSIONS

DES

MILITAIRES DE TOUS GRADES

DE LA GENDARMERIE

(GENDARMERIE DÉPARTEMENTALE, COLONIALE, MARITIME
ET GARDE RÉPUBLICAINE)

D'APRÈS LA NOUVELLE LOI SUR LES PENSIONS
DU 14 AVRIL 1924

GUIDE PRATIQUE

pour en déterminer le montant d'après chaque situation particulière

*(Anciens pensionnés,
militaires en instance de pension ou de réforme, veuves et orphelins)*

CHARLES-LAVAUZELLE & Cⁱᵉ

Éditeurs militaires

PARIS, Boulevard Saint-Germain, 124

LIMOGES, 62, Avenue Baudin | 53, Rue Stanislas, NANCY

1924

PENSIONS

DES

MILITAIRES DE TOUS GRADES

DE LA GENDARMERIE

(GENDARMERIE DÉPARTEMENTALE, COLONIALE, MARITIME
ET GARDE RÉPUBLICAINE)

D'APRÈS LA NOUVELLE LOI SUR LES PENSIONS
DU 14 AVRIL 1924

GUIDE PRATIQUE

pour en déterminer le montant d'après chaque situation particulière

(Anciens pensionnés,
militaires en instance de pension ou de réforme, veuves et orphelins)

CHARLES-LAVAUZELLE & Cie
Éditeurs militaires
PARIS, Boulevard Saint-Germain, 124
LIMOGES, 62, Avenue Baudin | 53, Rue Stanislas, NANCY

1924

AVANT-PROPOS

Les pensions ont été considérablement améliorées par la loi du 14 avril 1924 et chacun, avec un empressement qui se comprend, désire connaître le montant de sa nouvelle ou de sa future pension. Mais, pour satisfaire à ce désir, il ne suffit pas de renvoyer à un barème, car la lecture n'en devient claire qu'à la condition de savoir déterminer, au préalable, le nombre des annuités comptant pour la retraite.

Nous avons pensé qu'il serait utile de venir en aide au personnel de la gendarmerie (gendarmerie maritime, gendarmerie coloniale et garde républicaine comprises) :

1° En mettant entre ses mains une brochure condensant, sous une forme claire et concise, la foule des textes à appliquer pour établir le décompte des annuités et de la pension;

2° En établissant à son intention des barèmes qui éviteront de longs et fastidieux calculs aux intéressés.

DROITS A PENSION DES MILITAIRES.

Pensions d'ancienneté.

A. — Règles générales.

Le droit à pension d'ancienneté est subordonné à une seule condition : condition de durée des services; dès lors que cette condition est remplie, les intéressés, quel que soit leur âge, ont un droit absolu à pension. Aucun préavis ne leur est imposé.

Le droit à la pension d'ancienneté est acquis, en principe, pour les officiers des armées de terre et de mer, à trente ans accomplis de services militaires effectifs et, pour les personnels militaires non officiers, à vingt-cinq ans accomplis de services militaires effectifs (art. 30).

Il est acquis à vingt-cinq ans de services militaires effectifs pour les officiers de toutes armes, de tous corps ou services des armées de terre et de mer, lorsqu'ils comptent au moins six ans de services accomplis *hors d'Europe* ou en navigation (art. 30).

A titre exceptionnel, le temps passé par un officier des troupes coloniales entre le 2 août 1914 et le 11 novembre 1918, sur l'un quelconque des théâtres d'opérations autres que les colonies ou pays de protectorat français, lui est compté pour la moitié de sa durée effective, comme temps de séjour aux colonies (art. 30).

Les militaires de l'armée métropolitaine, les marins et assimilés ne bénéficient pas de cette disposition relative au service accompli pendant la guerre (1).

Sont assimilées au service en navigation les fonctions remplies par les officiers des armées de terre et de mer appartenant aux personnels volants ou navigants de l'aéronautique, sous la réserve qu'ils justifient de quatre années de services aériens (art. 30).

Ont également droit à la pension d'ancienneté après vingt-cinq ans accomplis de services effectifs, les officiers qui, bien

---

(1) Disjonction de l'amendement Goude (Chambre, 5 avril 1924; *J. O.*, p. 1837).

que ne réunissant pas six ans de services hors d'Europe ou en navigation, ont été placés en non-activité pour infirmités temporaires et reconnus, par un conseil d'enquête, non susceptibles d'être rappelés à l'activité (art. 30).

B. — Services a considérer.

Le point de départ des services se compte d'après les règles fixées par les lois de recrutement, sans pouvoir remonter avant l'âge de 16 ans (art. 31).

C. — Bonification de services.

En sus de la durée effective de leur service, les militaires bénéficient, mais pour le décompte du taux de la pension seulement, des annuités supplémentaires pour campagnes décomptées doubles, simples, ou par moitié, en sus des services correspondants dans les conditions fixées par les articles 36 à 40.

Règles générales concernant le décompte des pensions d'ancienneté.

BASE DE LA PENSION.

La pension, civile ou militaire, est basée sur la moyenne des traitements, soldes et émoluments de toute nature soumis à retenue dont l'ayant droit a joui pendant les trois dernières années d'activité (art. 2).

Pour les militaires, la pension est calculée en tenant compte :

a) Pour les officiers, de la solde budgétaire métropolitaine de présence à terre, augmentée des indemnités temporaires de solde et de l'indemnité pour charges militaires (taux n° 3, célibataires) du grade (art. 5).

Les officiers mariniers du corps des équipages de la flotte bénéficient, en outre, d'une allocation forfaitaire de vivres fixée à 1 fr. 50 par jour (art. 5).

MINIMUM ET MAXIMUM DE LA PENSION D'ANCIENNETÉ.

(Voir, à la fin de l'ouvrage, l'article 2 de la loi du 14 avril 1924.)

I.

COMMENT CALCULER UNE PENSION.

1. Faire d'abord le décompte des services effectifs; y ajouter le décompte des campagnes, ce qui donne le total des annuités.

2. Se reporter au tableau 2 ci-après pour calculer la retraite à laquelle donnent droit ces annuités.

3. Pour les retraites d'ancienneté, calculer les majorations spéciales à l'arme de la gendarmerie.

4. Calculer les majorations pour charges de famille.

5. Enfin, additionner les résultats des opérations précédentes (2, 3 et 4); la somme donne le montant de la pension.

II.

DÉTAIL DES OPÉRATIONS VISÉES AU § Ier.

1° Décompte des services et des campagnes.

A. — SERVICES.

Commencement des services.

a) *Appelés.*

Les services commencent :

Pour les militaires d'une classe antérieure à 1904, du jour de la mise en route;

Pour les militaires d'une classe postérieure à 1904 et pour ceux de cette classe, du 1er octobre de l'année de l'incorporation;

En ce qui concerne *les militaires vivant sous l'empire de la loi du 1er avril 1923* :

Pour la 1re fraction du contingent, du 10 mai de l'année suivant celle du recensement;

Pour la 2e fraction, du 10 novembre de cette même année;

Pour les jeunes gens dont l'incorporation a été retardée en vertu des articles 22 et 23 de la loi du 1er avril 1923 (sursis d'incorporation pour la présence d'un frère sous les drapeaux, article 22, ou pour nécessités d'études, de famille ou d'exploitation agricole, commerciale ou industrielle, article 23), la durée du service compte du premier jour du mois de l'incorporation effective.

b) *Engagés.*

Le jour de l'engagement (1).

c) *Rengagés.*

Le jour de la signature de l'acte.

d) *Commissionnés.*

Le jour de la nomination (*B. O.*, É. M., volume 66[1]).

Pour les militaires de la gendarmerie admis dans l'arme après interruption de service, les services comptent de la date de la prise en solde au titre de la gendarmerie (additif du 20 mars 1921, *B. O.*, p. 1444).

e) *Elèves des écoles militaires préparatoires (enfants de troupe), des grandes écoles militaires et navales et de l'Ecole coloniale.*

Le jour de l'entrée à l'école, sans pouvoir remonter avant l'âge de 16 ans (loi du 14 avril 1924, art. 31).

f) *Etudes préliminaires.*

Il n'est rien changé, actuellement, pour le décompte du bénéfice d'études préliminaires (déclaration du commissaire du gouvernement, Sénat, 11 avril 1924, *J. O.*, p. 774).

Il est compté, en sus du service, à titre d'études préliminaires, sans condition d'âge :

4 années aux élèves de l'Ecole polytechnique entrés, à leur sortie de cette école, dans une arme spéciale (loi du 11 avril 1831, art. 5);

5 années aux médecins et pharmaciens, 4 aux vétérinaires.

Ce droit reste acquis aux officiers passés ensuite dans une autre arme.

---

(1) Pour les engagés, les services ne peuvent remonter au delà de l'âge légal pour les engagements : 16 ans, armée de mer; 18 ans, armée de terre (*B. O.*, vol. 66[1] sur les *Pensions militaires*, Lavauzelle et Cie, éditeurs; prix : 6 francs).

Fin des services.

a) *Appelés.*

Les services cessent :

Pour les militaires des classes antérieures à celles régies par la loi du 1er avril 1923 (1), du jour du passage dans la réserve de l'armée active, sauf dispositions transitoires intervenant dans de nouvelles lois. (Exemples : loi du 15 juillet 1889, art. 88 et 90; loi du 1er avril 1923, art. 102.)

Pour les militaires servant sous l'empire de la loi du 1er avril 1923, le 10 novembre ou le 10 mai de l'année dans laquelle ils ont accompli leurs dix-huit mois de services.

b) *Engagés et rengagés.*

Les services cessent le jour de l'expiration de l'engagement ou du rengagement.

c) *Commissionnés.*

Les services cessent du jour de la radiation des contrôles.

NOTA. — Les services d'un militaire maintenu sous les drapeaux après la libération de sa classe ne cessent que le jour du renvoi dans ses foyers.

d) *Réformés temporaires.*

La réforme temporaire compte comme service actif, sauf pour les appelés de la classe 1922 réformés temporairement n° 2 (loi du 17 décembre 1921). (Réponse du Ministre à la question écrite du 3 juillet 1923, *J. O.* du 13 juillet 1923 et *Mémorial* 1921, p. 279. Questions posées en matière de recrutement.)

Services civils.

Les services civils accomplis dans les administrations donnant droit à pension entrent en compte quelle que soit la durée des services civils ou militaires (art. 32 de la loi du 1er avril 1923).

---

(1) La circulaire 791 K du 18 janvier 1922 fait compter comme service actif le temps passé dans la disponibilité par les hommes de la classe 1904, du 28 septembre 1907 au 1er octobre 1908.

Services ne comptant pas.

1° Le temps passé dans ses foyers en attendant la liquidation de la pension en vertu des dispositions des articles 31 du décret du 20 mai 1903 et 261 du Service courant, ne compte pas pour la retraite (Service courant, art. 261).

2° Les périodes d'exercices des dispensés, réservistes et territoriaux. Cependant, ces services sont comptés si l'intéressé a été blessé ou a contracté une infirmité au cours de la période.

Pour mémoire (car les militaires de la gendarmerie ne sont jamais dans ce cas) : ne compte également pas le temps passé en désertion ou en prison en vertu d'un jugement.

B. — CAMPAGNES.

a) *Campagnes antérieures au 15 mars 1904.*

Compter une année par période de douze mois.

Compter également une année pour toute fin de campagne ne comprenant qu'une fraction d'année (art. 7 de la loi du 11 avril 1831).

b) *Campagnes postérieures au 15 mars 1904.*

Compter la campagne entière si l'on a été évacué pour blessure de guerre et si la campagne a duré moins d'un an à partir du jour où l'on a été blessé. Si la campagne a duré plus d'un an à partir de la blessure, compter une annuité entière qui s'ajoute à la partie de la campagne faite effectivement avant cette blessure.

Dans tous les autres cas, ne compter que la durée effective, toute fin de campagne de moins d'un mois comptant pour le mois entier.

Si deux campagnes chevauchent ainsi, la partie commune ne compte qu'avec l'une des campagnes et toujours avec celle qui ouvre les droits les plus élevés (loi du 15 mars 1904).

Les majorations accordées pour séjour dans certaines garnisons déshéritées ne sont pas des campagnes et ne comptent pas pour la retraite.

c) *Campagnes postérieures au 2 août 1914.*

Art. 9 de la loi du 16 avril 1920.

Ouvre droit à campagne simple le temps passé :

a) En Algérie ou en Tunisie et, en France, dans la zone de l'intérieur ou dans la zone d'armée si l'intéressé n'appartenait pas à une formation placée sous les ordres du général en chef;

b) En captivité pour les prisonniers de guerre.

Ouvre droit à campagne double le temps passé :

a) Dans une formation placée sous les ordres du général en chef stationnée ou employée dans la zone des armées (1);

b) Dans une formation organisée par le Ministre de la guerre sur d'autres théâtres d'opérations;

c) En mission auprès des troupes des Etats alliés;

d) Dans les diverses colonies et pays de protectorat (Algérie et Tunisie exceptées, sauf les territoires du Sud tunisien et les régions sahariennes).

Toutefois, le bénéfice de la double campagne ne prend fin, pour tout blessé de guerre, qu'à l'expiration d'une année complète à partir du jour où il a reçu sa blessure. Ainsi, un militaire blessé de guerre le 1er mai 1916 et évacué sur l'intérieur a droit au bénéfice de la campagne double jusqu'au 30 avril 1917 si, à cette date, il n'a pas encore rejoint le front. Dans le cas contraire, si, par exemple, il est revenu aux armées le 1er janvier 1917, aucune interruption n'existe dans son droit à campagne double.

Pour que ces dispositions soient applicables, il faut, en outre, qu'il s'agisse d'une blessure de guerre; une blessure reçue en service commandé même au front, une maladie même contractée en service ne sont pas de nature à les faire jouer.

Nous attirons, en outre, l'attention de nos lecteurs sur ce que le bénéfice de campagne est alloué jusqu'au 23 octobre 1919 et

---

(1) Il ne suffit donc pas d'avoir servi dans la zone des armées pour avoir droit à campagne double; il faut, en plus, avoir été placé sous les ordres du général commandant en chef.

Les brigades de gendarmerie du territoire de la zone des armées ont donc fait campagne simple seulement, sauf celles groupées, lors du repliement, en unités combattantes ou en sections de brigades repliées, dites *sections B. R.*, lesquelles bénéficient de la campagne double du jour de la constitution en unités au jour de la dislocation desdites unités.

Garde républicaine. — C'est en vertu de ces dispositions que la campagne est comptée simple aux militaires de la garde républicaine présents au corps du 1er septembre 1914 au 4 janvier 1915, période durant laquelle il fut compris dans la zone des armées sans être placé sous les ordres directs du général commandant en chef. (Circulaire n° 1053 P/13 du 17 janvier 1924, prise conformément aux dispositions de la circulaire du 3 mai 1923, *Mémorial*, p. 294).

non jusqu'au 11 novembre 1918, date de l'armistice, comme le croient, à tort, certains militaires.

d) *Campagnes postérieures au 24 octobre 1919.*

Règlement d'administration publique du 22 juin 1922, instruction du 21 août 1919 relative à l'organisation du corps d'occupation des pays rhénans et décret du 23 décembre 1919 relatif aux annuités pour campagnes après la cessation des hostilités.

Ouvre droit à campagne simple le temps passé :

a) Dans les formations de l'armée française d'occupation des pays rhénans (art. 1er de l'instruction du 21 août 1919);

b) A l'armée d'Orient ou dans les missions détachées auprès des armées étrangères en opérations en Europe (art. 2 du décret du 23 décembre 1919).

Ouvre droit à campagne double le temps passé à l'armée du Levant ou en Cilicie (art. 2 du décret du 23 décembre 1919).

Bien entendu, les séjours en Afrique du Nord, aux colonies, dans les pays de protectorat, etc., donnent droit, pendant la même période, aux avantages de campagnes prévus antérieurement au 2 août 1914.

e) *Campagnes postérieures au 22 juin 1922.*

Décret de même date.

A partir du 22 juin 1922, toutes les règles que nous venons de rappeler sont virtuellement abrogées et il convient de faire uniquement application de celles du décret du 22 juin 1922 (voir ci-après).

Dès lors, ouvre droit à demi-campagne le temps passé :

a) En Europe (sauf au Luxembourg; ce territoire n'ouvre droit à aucun bénéfice).

Donc, les séjours à l'armée du Rhin, à Constantinople, dans des missions en Europe, etc., n'ouvrent droit qu'à demi-campagne;

b) Dans les territoires civils de l'Afrique du Nord (Algérie, Tunisie, Maroc);

c) Dans les ports d'Asie Mineure et de Syrie;

d) Dans les colonies des Antilles et du Pacifique, à Saint-Pierre et à Miquelon;

e) En Egypte, au Japon, en Amérique (Guyane exceptée) et en Océanie.

Ouvre droit à campagne simple le service qui aura été fait *hors d'Europe* dans tous les territoires autres que ceux qui sont énumérés ci-dessus.

Enfin, dans tous les territoires que nous venons d'énumérer, l'état de guerre donnera droit à une majoration de moitié en sus de la durée effective, qui s'ajoutera, le cas échéant, aux majorations déjà indiquées.

L'article 3 du règlement d'administration publique (1) définit ce qu'il faut entendre par « état de guerre » :

« C'est, dit-il, la situation d'un Etat soit nécessitant des opérations effectives de guerre, soit imposant, en raison de l'insuffisance de la pacification ou en raison de troubles graves, le maintien des troupes ou des forces navales ou de police en état continuel d'alerte, sans que, cependant, il y ait d'opérations militaires organisées.

» Le commencement et la cessation de cet « état de guerre » seront fixés par décret rendu sur la proposition du ou des Ministres intéressés et du Ministre des finances. »

Les territoires qui pourraient être appelés à bénéficier de ces dispositions donneraient droit à demi-campagne simple en sus des campagnes déjà indiquées, c'est-à-dire à campagne simple pour ceux donnant lieu à demi-campagne et à une campagne et demie pour ceux donnant lieu à campagne simple.

f) Services à la mer.

Aux paragraphes qui précèdent, il y a lieu d'ajouter les indications relatives au service à bord des bâtiments de l'Etat et sur les côtes.

Comptent comme demi-campagnes les services sur la côte en temps de guerre maritime, ou les services à bord en paix. Les services à bord en guerre comptent comme campagne simple; comme campagne double à partir du 2 août 1914.

g) Campagnes postérieures au 15 avril 1924.

Les campagnes postérieures à la promulgation de la loi des pensions du 14 avril 1924 sont décomptées conformément aux

---

(1) Décret du 22 juin 1922 (voir ci-après).

dispositions des articles 36 à 40 de ladite loi. Pour les services antérieurs, les règles en vigueur antérieurement à l'application de ladite loi demeurent applicables (loi du 14 avril 1924, art. 40). (Voir le texte complet de la loi à la fin de l'ouvrage.)

Commencement et fin des campagnes.

Les campagnes commencent du jour de la mobilisation et, pour les campagnes coloniales ou séjours hors de France, du jour de l'embarquement ou du jour du passage de la frontière.

Les campagnes cessent du jour de la rentrée en France ou de la date fixée par décret s'il y a eu mobilisation générale. Ainsi la campagne contre l'Allemagne prend fin le 24 octobre 1919, ce qui lui donne une durée totale de cinq ans deux mois et vingt-deux jours.

Interruption des campagnes.

Circulaire n° 16432 K du 26 décembre 1923.

L'interruption des campagnes en déplacement temporaire est fixée comme suit, étant entendu que, dans le calcul de l'absence, il est fait abstraction du temps consacré au voyage proprement dit, jusqu'au jour inclus du passage de la frontière, ou, en cas de trajet sur mer, du débarquement (à l'aller) ou du rembarquement (au retour) :

I. — DÉPLACEMENT TEMPORAIRE POUR LE SERVICE OU POUR RAISON DE SANTÉ.

Les militaires stationnés sur un territoire comportant un bénéfice de campagne d'une valeur déterminée — et qui se trouvent en déplacement temporaire sur un autre territoire donnant droit à campagne de valeur moindre — interrompent, à partir du 31° jour inclus de l'absence, leur campagne primitive, et, s'il y a lieu, reçoivent, à la même date, application du régime de campagne afférent à ce nouveau territoire.

Si, au contraire, le nouveau régime de campagne auquel les intéressés peuvent prétendre, du fait de leur stationnement temporaire, est plus avantageux que celui dont ils bénéficiaient, le premier sera appliqué à partir du jour de leur arrivée dans le nouveau territoire; l'ancien régime de campagne reprendra dès leur rentrée dans la zone y donnant droit.

II. — Congés et permissions.

a) D'autre part, les permissions ne dépassant pas trente jours et les congés ou permissions, cumulés ou non, quelle qu'en soit la durée totale, auxquels les militaires ont droit d'après la durée de leur séjour dans certains territoires, n'interrompent pas le bénéfice de la campagne;

b) La campagne est interrompue pendant la durée des congés ou des permissions non visés à l'alinéa *a)*. En outre, lorsqu'un congé pour raison de santé s'ajoute à une permission ou à un congé réglementaire visé par cet alinéa, la campagne est interrompue pendant la durée de ce congé pour raison de santé.

III. — Inscription des interruptions de campagnes.

En vue de faciliter l'application des dispositions de la présente circulaire, ainsi que l'inscription des interruptions sur les pièces matricules, un bulletin individuel sera adressé à l'administration centrale (bureau de l'arme) par le chef de corps ou de service, pour tout militaire de carrière dont la campagne sera interrompue dans les conditions susvisées et dont le dossier administratif est détenu par l'administration centrale.

IV. — Documents abrogés.

La présente circulaire abroge et remplace la circulaire sur le même objet du 18 mars 1907, modifiée par celle du 2 août 1922.

Territoires ouvrant droit au bénéfice des campagnes.

Décret du 22 juin 1922.

Art. 1er. Sera compté pour la moitié en sus de sa durée effective, le service qui aura été fait en temps de paix sur les territoires ci-après :

a) En Europe (sauf en Luxembourg);

b) Colonies et protectorats :

Territoires civils de l'Afrique du Nord (Algérie, Tunisie, Maroc), olonies des Antilles et du Pacifique, Saint-Pierre et Miquelon;

c) Autres pays hors d'Europe :

Ports d'Asie Mineure et de Syrie, Egypte, Japon, Amérique (Guyane exceptée), Océanie.

Art. 2. Sera compté pour la totalité en sus de sa durée effective, le service qui aura été fait en temps de paix hors d'Europe, dans tous les territoires autres que ceux qui sont énumérés à l'article 1er ci-dessus.

Art. 3. La situation prévue par l'avant-dernier alinéa de l'article 9 de la loi du 16 avril 1920, comme ouvrant le droit à une majoration de moitié en sus de la durée effective, s'entend d'un Etat, soit nécessitant des opérations effectives de guerre, soit imposant, en raison de l'insuffisance de la pacification ou en raison de troubles graves, le maintien des troupes ou des forces navales ou de police en état continuel d'alerte, sans que, cependant, il y ait d'opérations militaires organisées.

Le commencement et la cessation de cet « état de guerre » sont fixés par décret rendu sur la proposition du ou des Ministres intéressés et du Ministre des finances.

Art. 4. Le bénéfice des campagnes qui aurait été accordé par des décrets ou décisions, soit déclarant l'état de guerre, soit ouvrant le droit à la campagne simple ou double, en vertu des dispositions législatives abrogées par la loi susvisée du 16 avril 1920, est supprimé à compter de la date du présent règlement d'administration publique.

Ruhr.

Décret du 6 février 1924.

Art. 1er. Le commencement de la situation prévue par l'article 3 du règlement d'administration publique du 22 juin 1922, pris en exécution des articles 9 et 11 de la loi du 16 avril 1920, est fixé, pour tout le territoire de la Ruhr, y compris la tête de pont de Dusseldorf - Duisbourg, au 11 janvier 1923.

Art. 2. A partir de cette date, le service fait dans ce territoire est compté pour la totalité en sus de sa durée effective.

Afrique du Nord.

Circulaire du 2 mai 1922 relative aux droits à la campagne des militaires envoyés ou non d'Europe, et qui ont servi dans le nord de l'Afrique pendant la période du 2 août 1914 au 23 octobre 1919.

La question a été posée de savoir quels étaient les droits à la campagne des militaires, envoyés ou non d'Europe, et qui ont servi dans le nord de l'Afrique, pendant la période du 2 août 1914 au 23 octobre 1919.

En application des dispositions de l'article 7 de la loi du 11 avril 1831 sur les pensions de l'armée de terre; du décret du 1er avril 1914, relatif à la mobilisation générale; du décret du 27 septembre 1914, fixant, pour les militaires de l'armée de terre, le point de départ de la campagne contre l'Allemagne et l'Autriche-Hongrie, et de l'article 10 de la loi du 16 avril 1920, portant modification à la législation des pensions en ce qui concerne les militaires et marins de carrière et les militaires indigènes de l'Afrique du Nord, le quantum des campagnes accomplies par les militaires dont il s'agit, dans les conditions susvisées, est fixé ainsi qu'il suit :

1° En Algérie et Tunisie, les militaires, qu'ils soient envoyés ou non d'Europe, compteront, pour la totalité en sus de sa durée effective, le temps de service qu'ils auront accompli entre le 2 août 1914 et le 23 octobre 1919;.

2° Sur le front sud-tunisien, ils compteront pour le double en sus de sa durée effective le temps de service accompli durant cette même période;

3° Dans les régions sahariennes, enfin, les militaires envoyés d'Europe compteront pour le double en sus de sa durée effective le temps de service ainsi accompli. Mais les militaires originaires du nord de l'Afrique ne compteront ce même temps que pour la totalité en sus de sa durée effective.

Annuités ne comptant pas pour les pensions.

Ne doivent pas être comptées pour les pensions :

1° Les annuités pour blessures de guerre ou pour blessures retenues par la commission spéciale à la gendarmerie, ni les annuités pour citations;

2° Les majorations pour séjour dans certaines garnisons déshéritées.

Procédé simple pour faire le décompte des services et des campagnes.

Inscrire toutes les dates uniquement au moyen de chiffres; le décompte se réduit ainsi à une simple soustraction.

Exemple : Gendarme X. mis en route et incorporé comme soldat de 2e classe le 16 novembre 1891; renvoyé dans ses foyers le 20 septembre 1894 en attendant son passage dans la réserve de l'armée active qui a eu lieu le 1er novembre 1894; nommé gendarme par décision ministérielle du 11 décembre 1894.

Date de mise en route : le 16 du 11e mois de 1891.

Passé dans la réserve : le 1er du 11e mois de 1894.

Pour rendre la soustraction possible, nous augmentons de 30 le jour du passage dans la réserve en prenant un mois au nombre représentant le mois de la libération. Cela s'écrira :

Passé dans la réserve le 31-10-1894.

Mais, pour pouvoir faire la soustraction des mois, il nous faut rendre aussi le nombre représentant le mois de la libération plus grand que celui de la mise en route. Nous le pouvons, en y ajoutant 12 mois pris à l'année 1894. Cela s'écrit alors finalement :

Passé dans la réserve le 31-22-1893.

De ces chiffres. 31   22   1893
nous pouvons maintenant retrancher facilement. 16   11   1891

ce qui nous donne. 15   11   2

et se lit : (A) 2 ans, 11 mois. 16 jours de services au régiment.

Nous disons 16 jours et non pas 15, car le 16 novembre 1891 compte dans la durée des services et nous perdrions un jour de service si nous n'augmentions pas de un la différence comme nous le faisons.

Pour connaître les services dans la gendarmerie au 31 décembre 1920, on opérera de même en inscrivant. . . . 31   12   1920
dont on retranche les chiffres représentant la date
de nomination dans la gendarmerie, soit. 11   12   1894

ce qui donne. 20   0   26

et se lit : (B) 26 ans, 21 jours de services.

Nous disons ici également 21 jours, au lieu de 20, pour la même raison qu'à l'opération (A) ci-dessus.

La durée totale des services effectifs s'obtient en additionnant (A) et (B).

(A)	2 ans	11 mois	16 jours
(B)	26 ans	» mois	21 jours
Total........	28 ans	11 mois	37 jours
ou....	28 ans	12 mois	7 jours
soit....	29 ans	» mois	7 jours

Le même gendarme X. a servi :

En Corse...... { du. . . . .   10 *janvier* 1896
                { au. . . . .   14 *février* 1899

En Indo-Chine. { du. . . . .   15 *février* 1899
                { au. . . . .   16 *mars* 1905

date où il a débarqué en France pour jouir d'un congé de six mois.

Réembarqué pour la colonie le........   19 *septembre* 1905.

Rentré en France le. . . . .   20 *décembre* 1910

étant affecté à la légion de Paris par décision du. . . . .   10 septembre 1910

Passé à la 6ᵉ légion le. . . . .   10 juillet 1914

Affecté aux armées comme prévôtal le..   11 *novembre* 1914

Passé dans l'infanterie comme sergent le.   1ᵉʳ décembre 1915

Evacué par suite de blessure de guerre le   15 *décembre* 1915

Réintégré dans la gendarmerie le.......   1ᵉʳ juillet 1916

et affecté aux brigades de Reims où il a rejoint ledit jour.

A fait partie de la section B. R. (section des brigades repliées de Reims) du........   12 *mai* 1918

au........   22 *septembre* 1918

Nous avons mis en *italique* les dates dont il faut tenir compte pour le calcul des campagnes.

Ces diverses campagnes se décomptent comme suit :

En Corse... { du 10 __ 1 1896
             { au 14 __ 2 1899
             ————————————————
             5 j. 1 m. 3 ans (1), ci . . . . (2)   3 ans 1 m . 5 j.

Indo-Chine. { du 15 2 1899
             { au 16 3 1905
             ————————————————
             2 j. 1 m. 6 ans (1) } ci. . . . .   6 ans 1 m . 2 j.

Indo-Chine.. { du 19 9 1905   } Décompte fait en deux
              { au 20 12 1910   } parties en raison de
              ————————————————   } l'interruption de la
              2 j. 3 m. 5 ans (1) } campagne par congé
                                  } de plus d'un mois.
              ci.   5 ans 3 m . 2 j.

TOTAL. . . . .   14 ans 5 m. 9 j.

ou. . . . . .   14 annuités 6/12

A reporter. . . . .   14 annuités 6/12

---

(1) Nous rétablissons ici immédiatement le jour en moins qui résulterait de l'inscription du reste exact de la soustraction des jours.

(2) Les cinq jours ne comptent pas ici pour un mois entier, car la campagne se continue le lendemain par suite de l'embarquement pour l'Indo-Chine.

Report...................... 14 annuités 6/12

Cette fois, les 9 jours comptent pour 1/12 entier, car la campagne prend fin le 20 décembre 1910.

Campagne 1914-1919 :

A l'intérieur $\begin{cases} \text{du} \ \ 2 \quad 8 \quad 1914 \\ \text{au} \ 10 \quad 11 \quad 1914 \ (1). \\ \hline \ \ 9\,\text{j}.\,3\,\text{m}.\,0\,\text{an}\ (2),\,\text{ci...} \end{cases}$ 0 an 3 m. 9 j.

Aux armées $\begin{cases} \text{du} \ 11 \quad 11 \quad 1914 \\ \text{au} \ 15 \quad 12 \quad 1916 \ (3) \\ \hline \ \ 5\,\text{j}.\,1\,\text{m}.\,2\,\text{ans}\ (2) \end{cases}$ campagne double, soit................. 4 ans 2 m. 10 j.

A l'intérieur $\begin{cases} \text{du} \ 15 \quad 12 \quad 1916 \\ \text{au} \ 11 \quad 5 \quad 1918, \end{cases}$ qui s'écrit pour permettre la soustraction :

40 16 1917

26 j. 4 m. 1 an (2), ci..   1 an 4 m. 26 j.

A la section B. R. $\begin{cases} \text{du} \ 12 \quad 5 \quad 1918 \\ \text{au} \ 22 \quad 9 \quad 1918 \\ \hline \ 11\,\text{j}.\,4\,\text{m}.\,0\,\text{an}\ (2) \end{cases}$ campagne double, car les sections B. R. étaient sous les ordres du général commandant en chef, du jour de leur constitution au jour exclu de leur dissolution, par rentrée du personnel dans les brigades du territoire réoccupé, soit.................... 0 an 8 m. 22 j.

A l'intérieur $\begin{cases} \text{du} \ 23 \quad 9 \quad 1918 \\ \text{au} \ 23 \quad 10 \quad 1919 \\ \text{date de la fin de l'état de guerre} \\ \hline \ 1\,\text{j}.\,1\,\text{m}.\,1\,\text{an}\ (2),\,\text{ci..} \end{cases}$ 1 an 1 m. 1 j.

TOTAL pour la campagne 1914-1919. 6 ans 18 m. 68 j.
ou...... 7 ans 6 m. 68 j.
ou...... 7 ans 8 m. 8 j.
soit..... 7 ans 9/12 ci..   7 ans 9/12

TOTAL des campagnes......... 21 ans 15/12
ou...... 22 ans 3/12

---

(1) Resté à l'intérieur jusqu'au 10 inclus, aux armées le 11.

(2) Voir renvoi (1) page précédente.

(3) N'a en réalité été aux armées que jusqu'au 15 décembre 1915; mais, comme il a été évacué pour blessure de guerre et que la campagne n'a pris fin qu'en 1919, il doit être considéré comme cessant la campagne au front un an seulement après sa blessure.

Le gendarme X. compte donc :

Services effectifs.................... 29 ans   7 jours

Campagnes........... .... 22 annuités 3/12

TOTAL............ 51 annuités 3/12 7 jours

soit 51 annuités 4/12

car dans ce total final il est tenu compte des fractions d'année et tout mois commencé compte en entier (loi du 14 avril 1924. article 39).

2° Se reporter au tableau-barème n° 2 ci-après (page 60).

Usage de ce tableau.

Le maximum étant atteint à 40 annuités, nous chercherons le montant de sa pension à la colonne 40 (40 annuités), du tableau-barème n° 2, et nous trouvons, en regard de « Gendarme après 20 ans ».................................... 3.904 »

Pour bien éclairer tous les intéressés, supposons maintenant un chef de brigade de 4° classe Z. qui sera retraité le 1er juillet 1924 à............................... 25 ans de services

et................................. 6 campagnes 2/12

soit avec............................. 31 annuités   2/12 .

Le tableau A consulté nous donnera à la colonne 31, en regard de « Chef de brigade de 4° classe après 20 ans » 3.356 »

Mais aux 31 annuités s'ajoutent 2 douzièmes. Nous trouvons la valeur du douzième dans la colonne : « Montant des annuités après 25 ou 30 annuités », colonne secondaire « Mensualités » : 8 francs. Pour 2 douzièmes, nous aurons : $8 \times 2 =$................ 16 »

TOTAL.................. 3.372 »

Supposons encore un chef de brigade de 3° classe N., n'ayant pas été aux armées et désirant connaître le montant de sa pension à l'époque où il se retirera à 25 ans et 5 mois de services.

Avec la campagne simple de la grande guerre, les 25 ans 5 mois de services font 30 annuités 8/12.

La colonne 30 du tableau-barème n° 2 donne...... 3.389 »
La colonne des mensualités après 25 ans donne
8 francs, soit, pour 8 douzièmes : 8 × 8 = ... 64 »

$$\text{TOTAL}............... 3.453 »$$

3° Calculer les majorations spéciales à la gendarmerie.

Le gendarme X., le chef de brigade de 4e classe Z. et le chef
de brigade de 3e classe N. étant retraités par ancienneté ont droit
aux majorations spéciales à l'arme de la gendarmerie qui ne
sont acquises qu'après 25 ans de services et pour les services
compris entre 15 et 30 ans, soit pour 15 ans au maximum.

Grâce au tableau-barème n° 4, page 67, nous trouverons immédiatement le nombre de majorations auxquelles chacun des
intéressés a droit et le montant total de ces majorations, douzièmes compris.

Le gendarme X. a 29 ans, 7 jours de services effectifs, soit
29 ans 1/12.

Dans la première colonne du tableau-barème n° 4, au paragraphe « Gendarme », cherchons le nombre 29; dans les colonnes
des douzièmes, le nombre 1.

A la rencontre de la ligne horizontale partant de 29 et de la
ligne verticale partant de 1, nous trouvons la somme de 492 fr. 91
à laquelle a droit le gendarme X. pour ses majorations.

Par le même procédé, nous trouvons, au paragraphe « Chef de
brigade de 4e classe », que, pour 25 ans de services effectifs, le
chef de brigade Z. recevra 400 francs, et au paragraphe « Chef
de brigade de 3e classe », que le chef de brigade de 3e classe N.,
qui compte 25 ans, 5 mois de services effectifs, aura droit à
468 fr. 75.

Ajoutons dès maintenant les majorations au principal de la
pension.

L'opération donne, pour le gendarme X. : 3.904 fr. + 492 fr. 91
= 4.396 fr. 91 (sous réserve que le règlement d'administration
publique permettra, comme sous les régimes antérieurs, d'ajouter la majoration spéciale à la gendarmerie au delà du maximum).

Pour le chef de brigade de 4e classe Z., nous obtenons :
3.372 + 400 = 3.772 francs;

Et pour le chef de brigade de 3e classe N. : 3.453 fr. + 468 fr. 75
= 3.921 fr. 75.

Comme les pensions sont arrondies au franc lorsque les centimes atteignent 50, ces chiffres deviennent 4.397 francs, 3.772 francs et 3.922 francs.

4° Calculer les majorations pour charges de famille.

L'article 2 de la loi du 14 avril 1924 dispose que la pension d'invalidité ou d'ancienneté est majorée de 10 p. 100 pour tous les titulaires ayant élevé 3 enfants jusqu'à l'âge de 16 ans.

Si le nombre des enfants élevés jusqu'à l'âge de 16 ans est supérieur à 3, des majorations supplémentaires de 5 p. 100 sont ajoutées pour chaque enfant au delà du troisième.

Il peut se faire que les enfants vivants du retraité n'aient pas encore atteint l'âge de 16 ans. Dans ce cas, le même article accorde, en sus de la pension d'invalidité ou d'ancienneté, les indemnités pour charges de famille dont l'intéressé bénéficiait pendant l'activité.

Les majorations de 10 et 5 p. 100 ne peuvent être allouées au delà du maximum, parce qu'elles font partie intégrante de la pension [déclarations du rapporteur de la loi (Sénat, 11 avril 1924; *J. O.*, p. 768) et du commissaire du gouvernement (Sénat, 12 avril 1924; *J. O.*, p. 796)]. Par contre, les indemnités pour charges de famille, ne participant pas de la nature de la pension, seraient, d'après les déclarations du commissaire du gouvernement à la séance du Sénat du 12 avril 1924, accordées en sus du maximum (*J. O.*, p. 796).

Le commissaire du gouvernement a, d'autre part, fait connaître, à la séance de la Chambre des députés du 5 avril 1924, que l'administration des finances était disposée à demander l'introduction dans le règlement d'administration publique, d'une disposition permettant la revision des pensions des retraités dont les enfants atteindraient l'âge de 16 ans après la concession de la pension.

Partant de ces données, considérons :

La famille du gendarme X., composée de 1 enfant vivant au-dessous de 16 ans et de 4 élevés au delà de 16 ans et pourvus de situations;

La famille du chef de brigade de 4ᵉ classe Z., composée de 2 enfants vivants de moins de 16 ans, de 3 morts après l'âge de 16 ans et de 1 de 17 ans en apprentissage, pour lequel l'indemnité pour charges de famille continue à être allouée;

La famille du chef de brigade de 3ᵉ classe N., composée de 6 enfants de moins de 16 ans.

Ces trois militaires étant retraités au titre de l'ancienneté, ont droit aux majorations pour familles nombreuses de 10 et 5 p. 100 et aux indemnités pour charges de famille perçues en activité.

X. ayant atteint le maximum de la pension n'aura cependant droit à aucune majoration pour les 4 enfants élevés au-dessus de 16 ans, mais il continuera à recevoir l'indemnité pour charges de famille qu'il percevait en activité, soit 495 francs.

Z. recevra :

1° *Ne tombant pas sous le coup du maximum :*

Les trois indemnités pour charges de famille qu'il percevait en activité pour les deux premiers, soit : $495 \times 2 =$ 990 »

Et, pour le troisième. . . . . 840 »

Au total. . . . . 1.830 »

2° *Tombant sous le coup du maximum :*

Pour avoir élevé 4 enfants au delà de 16 ans :

Une majoration de 10 p. 100 : $\dfrac{3.372 \times 10}{100} =$ 337 20

Une majoration de 5 p. 100 : $\dfrac{3.372 \times 5}{100} =$ 168 60

Bonification totale. 2.335 80

N. recevra les six indemnités pour charges de famille perçues en activité, même si cette bonification lui fait dépasser le maximum, soit :

Pour les deux premiers : $495 \times 2 =$ . . . . 990 »

Pour les quatre suivants : $840 \times 4 =$ . . . . 3.360 »

Au total. . . . . 4.350 »

5° Additionner les résultats des opérations précédentes.

Les pensions de ces trois militaires s'établissent finalement comme il suit :

	GENDARME X.	CHEF DE 4ᵉ CLASSE Z.	CHEF DE 3ᵉ CLASSE N.
Pension principale....................	3 904 »	3.372 »	3.453 »
Majoration spéciale à la gendarmerie......................	492 91	400 »	468 75
Charges de famille...............	495 »	2.335 80	4.350 »
Pension totale................	4.891 91	6:107 80	8.271 75
Pension arrêtée au franc...	4.892 »(1)	6.108 »(1)	8.272 »(1)

Ces sommes peuvent-elles être attribuées?

Pour répondre à cette question, déterminons le maximum pour chacun des militaires susvisés.

		GENDARME X.	CHEF DE 4ᵉ CLASSE Z.	CHEF DE 3ᵉ CLASSE N.
	Pension principale.............	3.904 »	3.372 »	3.453 »
Sommes atteintes par le maximum.	Majorations pour enfants élevés au-dessus de 16 ans — à 10 °/₀	atteint déjà	337 20	»
	à 5 °/₀	le maximum.	168 60	»
	Totaux..................	3.904 »	3.877 80	3.453 »
Maximum, colonne 40, du tableau-bareme n° 2.....................		3.904 »	4.195 »	4.357 »

---

(1) Sous réserve : 1° que le règlement d'administration publique permettra, comme dans la réglementation antérieure, d'accorder les majorations spéciales à la gendarmerie en sus du maximum; 2° que le règlement d'administration publique ratifiera les déclarations faites par le commissaire du gouvernement au sujet de l'attribution des charges de famille. (Séance du Sénat du 12 avril 1924, *J. O.*, p. 796.)

Ce tableau comparatif démontre que le gendarme X. pourra recevoir 4.892 francs, car, dans cette somme, les éléments de la pension tombant sous le coup du maximum, n'entrent que jusqu'à concurrence de ce maximum, 3.904 francs.

De même les chefs de brigade Z. et N. recevront respectivement 6.108 francs et 8.272 francs.

III.

PENSIONS PROPORTIONNELLES.

Une pension proportionnelle se calcule exactement de la même façon; toutefois, jusqu'à 20 ans de services effectifs, le montant de la pension se trouve au tableau-barème n° 2, en regard de l'indication : « Après 15 ans » (chefs de brigade et gendarmes).

Officiers.

Les officiers peuvent maintenant obtenir également une pension proportionnelle, mais le payement en est différé jusqu'à l'époque à laquelle ils auront droit à pension d'ancienneté.

D'autre part, le nombre des pensions proportionnelles à accorder aux officiers est fixé annuellement par la loi de finances (loi du 14 avril 1924, art. 44).

Chefs de brigade et gendarmes.

La jouissance de la pension proportionnelle est immédiate pour les chefs de brigade et gendarmes qui peuvent l'obtenir à 15 ans de services effectifs et 33 ans d'âge.

Quel que soit le total des annuités réunies, le retraité proportionnel n'a pas droit aux majorations spéciales à la gendarmerie.

Ces majorations entrent dans le décompte de la pension proportionnelle liquidée par suite d'infirmité imputable au service, ou pour réversion sur la femme par suite du décès du mari. Le nombre des majorations accordées, dans ce cas, est donné par le nombre des années de services effectifs accomplis au-dessus de 15 ans, mais seulement pour le nombre d'années passées dans la gendarmerie (loi du 18 août 1879, art. 12).

Motifs du départ en retraite proportionnelle.

A. — **Départ en raison d'une invalidité rendant les intéressés définitivement incapables de remplir leur service.**

1° L'INFIRMITÉ EST IMPUTABLE AU SERVICE.

Les intéressés ont droit, en principe, à la pension du taux prévu, pour leur grade et leur degré d'invalidité, par la loi du 31 mars 1919. Toutefois, si leur infirmité est attribuable à un service accompli en opérations de guerre, ils peuvent opter pour la pension mixte prévue par l'article 59 de la même loi.

En aucun cas, la pension d'invalidité du grade ou mixte qui leur est accordée ne peut être inférieure à la pension minimum d'ancienneté du grade, augmentée des annuités pour campagnes acquises par l'intéressé (art. 47).

Il convient d'insister tout particulièrement sur ce que ces diverses dispositions ne visent que les militaires atteints d'une infirmité définitive et grave atteignant au moins 60 p. 100 (1) et que l'infirmité doit être incurable (2).

Si l'infirmité est inférieure à 60 p. 100 ou n'est pas incurable, les intéressés ne peuvent prétendre, s'ils demandent leur radiation des cadres, qu'à la pension prévue pour leur grade par la loi du 31 mars 1919.

2° L'INFIRMITÉ N'EST PAS IMPUTABLE AU SERVICE.

Deux cas sont à considérer :

a) Le militaire avait accompli au moins quinze ans de service.

Il a droit à pension proportionnelle calculée dans les conditions indiquées plus loin, et à jouissance immédiate (art. 45).

b) Le militaire avait accompli moins de quinze ans de service.

Les officiers reçoivent, pendant un temps égal à la durée de leur service, une solde de réforme égale aux deux tiers du minimum de la pension qui leur serait allouée s'ils étaient admis à la retraite à titre d'ancienneté de services (art. 45).

Les sous-officiers qui sont réformés après cinq ans de services reçoivent, pendant un temps égal à la durée de leurs services

---

(1) Déclaration du rapporteur (Chambre, 5 juin 1923; *J. O.*, p. 2339).
(2) Déclaration du Sous-Secrétaire d'Etat (Chambre, 5 juin 1923; *J. O.*, p. 2339).

effectifs, une solde de réforme égale au montant de la pension proportionnelle de leur grade (art. 45).

B. — Départ pour raison disciplinaire.

(Officiers mis en réforme par mesure disciplinaire.)

Deux cas sont encore à considérer :

a) L'officier avait accompli au moins quinze ans de service.

Il reçoit une pension proportionnelle calculée dans les conditions indiquées plus loin, mais cette pension est exclusive de toute majoration pour bénéfice de campagne (art. 45).

b) L'officier avait accompli moins de quinze ans de service.

Il reçoit, pendant un temps égal à la durée de ses services, une solde de réforme égale à la moitié du minimum de la pension qui lui serait allouée s'il était admis à la retraite à titre d'ancienneté de service (art. 45).

C. — Départs volontaires.

1° PENSION PROPORTIONNELLE.

Les militaires et marins de tous grades et de tous les corps peuvent être admis, sur leur demande, après quinze ans de services effectifs et 33 ans d'âge, au bénéfice d'une pension de retraite proportionnelle (art. 44).

Si le total des annuités (services et campagnes) est inférieur à 25 ou 30, selon le cas, la pension correspond à autant de $1/25^e$ ou $1/30^e$ du minimum que l'intéressé a d'annuités.

Si le total des annuités (services et campagnes) est supérieur à 25 ou 30, les annuités en sus de 25 ou 30 sont ajoutées au minimum à raison, pour chacune, de $1/50^e$ de la solde moyenne et jusqu'à concurrence du maximum.

La jouissance de cette pension est immédiate pour les hommes de troupe. Elle est différée, pour les officiers, jusqu'au jour où le militaire aurait été atteint par la limite d'âge ou aurait eu droit à pension d'ancienneté s'il était resté au service. De plus, le nombre des retraites proportionnelles d'officiers à accorder chaque année sur demande sera déterminé annuellement par la loi de finances (art. 44).

Donc, en ce qui concerne les officiers, la pension proportionnelle n'est pas un droit et est subordonnée à une décision favorable du Ministre, qui ne peut accorder des pensions de ce genre que dans la limite du nombre qui lui est fixé chaque année par la loi.

2° *Les militaires n'ont pas droit à pension, même proportion-nelle.* — Les militaires et marins venant à quitter le service pour quelque cause que ce soit, sans pouvoir prétendre à pension, ont droit au remboursement de la retenue subie d'une manière effective sur leur solde, comme il a été indiqué plus haut pour les fonctionnaires civils (art. 44).

Le *statu quo*, en matière de retenue, étant maintenu provisoirement, seuls les officiers peuvent prétendre au bénéfice de cette disposition et, pour les retenues sur la solde budgétaire, du taux d'avant-guerre.

Sommes perdues en partant en retraite proportionnelle.

1° Majorations pour charges de famille (art. 2, loi du 14 avril 1924).

2° Majorations spéciales à la gendarmerie (art. 41, loi du 14 avril 1924).

Exemple : Le gendarme A. réunit quinze années de services effectifs et dix campagnes, soit vingt-cinq annuités. Il a trois enfants de plus de 16 ans et deux au-dessous de cet âge. S'il attend d'avoir vingt-cinq ans de services, il réunira, au total, trente-cinq annuités.

	PARTANT A 15 ANS.		PARTANT A 25 ANS.		PERTE.	
	Gendarme.	Femme.	Gendarme.	Femme.	Gendarme.	Femme.
Pension principale............	2.570 »	1.285 »	3.557 »	1.779 »	987 »	492 »
Majorations spéciales à la gendarmerie..............	»	»	350 »	175 »	350 »	175 »
Majorations pour familles nombreuses { 1 à 10 %...........	»	»	390 70	»	390 70	»
1 à 5 %..........	»	»	195 35	»	195 35	»
2 indemnités pour charges de famille.	»	»	1.680 »	»	1.680 »	»
Pension temporaire des enfants 10 %, au moins égale aux charges de famille perçues du vivant (ar . 23)....	»	1.285 »	»	1.950 »	»	665 »
Totaux............	2570 »	2.570 »	5.934 » (1)	3.904 »	3.364 » (1)	1.332 »

(1) Au lieu des totaux exacts : 3.603 fr. 05 et 6.173 fr. 05, du fait de l'intervention du maximum.

IV.

PENSIONS DE VEUVES OU D'ORPHELINS.

Calcul de la pension.

Le calcul d'une pension de veuve ou d'orphelins se fait en établissant d'abord les droits du mari et en prenant la moitié (50 p. 100) de la somme trouvée.

Réversion des pensions.

A. — Veuves.

a) Droit a la pension de veuve.

Pour avoir droit à pension de veuve, il faut :

Si la pension est fondée sur la durée des services, que le mariage ait été contracté deux ans avant la cessation d'activité, à moins qu'il n'existe au moins un enfant issu du mariage;

Si la pension est liquidée par suite de circonstances exceptionnelles, il suffit que le mariage soit antérieur au décès ou à l'événement qui a amené la mise à la retraite du mari.

La femme séparée de corps a droit à pension si la séparation n'a pas été prononcée contre elle ou aux torts respectifs des deux époux.

La femme divorcée postérieurement au 14 avril 1924 a droit à pension si le divorce n'a pas été prononcé contre elle ou aux torts respectifs des deux époux.

Si l'ex-mari s'est remarié, la pension est partagée entre la veuve et l'épouse divorcée par moitié; si l'une des deux meurt, sa pension est reportée sur l'autre épouse ou, à défaut, sur les orphelins.

b) Remariage.

En cas de remariage, la veuve conserve sa pension, à moins qu'elle n'épouse un étranger (1), mais elle ne peut cumuler plu-

---

(1) Réponse faite le 26 janvier 1918, par le Ministre, sous le timbre de la 5ᵉ Direction, au Conseil d'administration d'un régiment.

sieurs pensions de veuve; elle peut, en outre, recevoir immédiatement, au lieu et place de la pension, un capital représentant
trois annuités de cette pension.

c) VEUVES DE MILITAIRES DÉCÉDÉS APRÈS AVOIR ACCOMPLI PLUS
DE QUINZE ANS DE SERVICES ET MOINS DE VINGT-CINQ OU TRENTE
ANS DE SERVICES.

La veuve et les orphelins ont droit à la réversibilité de la
pension proportionnelle due au militaire ou qui lui aurait été
due s'il avait été admis au bénéfice de cette pension. Toutefois, en ce qui concerne les officiers, il faut qu'ils soient décédés soit en activité de service, soit après avoir été admis à pension proportionnelle, même pendant la période où le payement
de cette pension est différé.

d) VEUVES DE MILITAIRES DÉCÉDÉS AVANT D'AVOIR ACCOMPLI
QUINZE ANS DE SERVICES.

Les veuves de militaires décédés d'une affection non imputable au service et avant d'avoir accompli quinze ans de services ont droit à la réversibilité de la pension constituée à l'aide
des retenues bonifiées à la Caisse des retraites pour la vieillesse,
ainsi qu'il est indiqué à l'article 22.

C'est dire que, seules, les veuves d'officiers ont actuellement
ce bénéfice, puisque le *statu quo*, en matière de retenues militaires, est maintenu.

e) VEUVES DE MILITAIRES DÉCÉDÉS DU FAIT DU SERVICE.

D'une façon générale, les veuves et les orphelins ont droit
aux pensions et majorations prévues par la loi du 31 mars 1919.
Toutefois, la pension qui leur reviendrait ne peut être inférieure
à la pension réversible constituée dans les conditions prévues
par le dernier alinéa de l'article 47 (minimum du grade, augmentée des annuités pour campagnes) (art. 50).

Si le militaire ou marin réunissait les conditions requises
pour l'obtention d'une pension basée sur la durée des services,
sa veuve et ses orphelins peuvent opter pour la pension indi-
quée ci-dessus ou pour la pension de réversion de la loi du
14 avril 1924.

Dans ce dernier cas, la pension de réversion d'ancienneté est
augmentée de la pension à laquelle la veuve ou les orphelins
d'un soldat décédé dans les mêmes conditions pourrait pré-

tendre en vertu de la loi du 31 mars 1919 (art. 51). (Voir tableau 8 ci-après.)

f) LA PENSION DE VEUVE DE MILITAIRE DE LA GENDARMERIE EST LIQUIDÉE SUR LE GRADE RÉEL DU MARI ET NON SUR CELUI DONT IL A LE RANG.

Les gendarmes ne sont assimilés aux sous-officiers qu'en ce qui concerne les préséances (décrets des 21 février et 28 mars 1918, arrêt du Conseil d'Etat du 2 février 1921, affaire Gares). Les veuves de ces militaires ne peuvent donc prétendre qu'à la pension afférente au grade dont leur mari était titulaire dans l'arme de la gendarmerie, sauf l'exception prévue par l'ordonnance du 20 janvier 1841, applicable aux militaires entrés dans la gendarmerie avant la promulgation de la loi du 13 juillet 1911. (Réponse du Ministre à la question posée le 9 juin 1922 par M. Duboys-Fresney, député.)

B. — Orphelins.

PREMIER CAS. — La mère est vivante et bénéficie de la pension.

Chaque orphelin a droit, jusqu'à l'âge de 21 ans, à une pension temporaire égale à 10 p. 100 de la pension due au père, sans que le cumul de la pension de la mère et de celle des orphelins puisse excéder le montant de la pension due au père. S'il y a un excédent, il est procédé à la réduction temporaire des pensions d'orphelins (art. 23).

DEUXIÈME CAS. — La mère est prédécédée ou inhabile.

Lorsque la mère est prédécédée, ou lorsqu'elle ne peut obtenir la pension par suite d'inhabilité (divorce, condamnation à une peine afflictive ou infamante, perte de la nationalité française), les droits qui lui appartiendraient passent aux enfants mineurs jusqu'à leur majorité. La pension temporaire de 10 p. 100 est maintenue, mais elle n'est pas attribuée s'il n'y a qu'un orphelin. Lorsqu'il existe plusieurs orphelins, elle n'est attribuée qu'à partir du deuxième. Enfin, la pension due au père ne peut être dépassée (art. 23) (1).

Ces pensions ne peuvent être maintenues au delà de 21 ans, même pour les enfants incapables, infirmes ou incurables (2).

---

(1) Rapport Lugol, n° 4225.
(2) Rejet de l'amendement Mauriès (Chambre, 23 mai 1923; *J. O.*, p. 2072).

Les enfants naturels reconnus sont assimilés aux orphelins de père et de mère (art. 23).

Les pensions attribuées aux enfants ne peuvent pas, *au total*, être inférieures au montant des indemnités pour charges de famille dont le père bénéficierait de leur chef s'il était vivant (art. 23).

Ayants droit de deux lits.

Lorsqu'il existe une veuve et des enfants d'un premier lit, la pension de la veuve est maintenue à 50 p. 100. Chaque orphelin se voit attribuer 10 p. 100 de la pension due au père. L'ensemble ne peut excéder la pension due au père (art. 24).

Lorsque les enfants mineurs issus de deux lits sont orphelins de père et de mère, la pension qui aurait été attribuée à la veuve se partage par parties égales entre chaque groupe d'orphelins. La pension temporaire de 10 p. 100 est également attribuée, mais seulement à partir du deuxième enfant de chacun des lits. S'il existait des enfants de trois lits différents, les mêmes principes présideraient au partage de la pension entre les représentants des trois lits (1).

V.

DISPOSITIONS CONCERNANT LES PENSIONS DÉJA CONCÉDÉES.

§ I. — Règles générales.

Toutes les pensions déjà concédées doivent faire l'objet d'une revision. Les bénéficiaires de ces dispositions sont les fonctionnaires, militaires et marins des catégories qui ont été examinées au chapitre Ier, ainsi que leurs veuves ou orphelins.

Les prêtres retraités d'après la loi de séparation de 1905 étaient, sous le régime du Concordat, considérés comme fonctionnaires. Leur situation sera aussi améliorée. La mesure nécessaire figurera dans le règlement d'administration publique (2).

La revision de toutes les pensions demandera, cela se conçoit, un délai assez long; aussi, pour ne pas faire attendre aux pensionnés une amélioration de leur situation actuelle; l'opération s'effectuera en deux phases.

---

(1) Rapport Lugol, n° 4225.
(2) Déclaration du Ministre des finances (Sénat, 8 décembre 1923; *J. O.*, p. 1780).

Pensions gendarmerie.

2

§ II. — **Application des coefficients.**

On multipliera par un des coefficients indiqués ci-après le montant de la pension principale; il ne sera pas fait état de l'indemnité temporaire de cherté de vie allouée par la loi du 12 avril 1922 (720 francs), ni de tous suppléments, majorations ou compléments de pension acquis par application de la loi du 25 mars 1920 (art. 92).

Ainsi, un chef de brigade de 4e classe, mis à la retraite le 1er juillet 1921, après 25 ans de service et 10 campagnes 2/12es, bénéficie actuellement d'une pension ainsi composée :

Pension principale (majorations spéciales à la gendarmerie comprises). 1.126 66
Majoration de la loi du 25 mars 1920. . . . . 938 33
Complément de la loi du 25 mars 1920. . . . . 226 54

TOTAL. 2.291 53

Il perçoit, en outre, l'indemnité de cherté de vie de la loi du 12 avril 1922, soit. . . . . 720 »

Il reçoit donc en tout. 3.011 53

C'est sur 1.126 francs que portera le coefficient.

Les coefficients à appliquer sont les suivants :

Coefficient 3, jusqu'à 900 francs;

Coefficient 2,5, pour les pensions comprises entre 901 et 1.500 francs;

Coefficient 2,25, pour les pensions comprises entre 1.501 et 2.500 francs;

Coefficient 2, pour les pensions comprises entre 2.501 et 6.000 francs.

Pour les pensions supérieures à 6.000 francs, la première fraction de 6.000 francs sera seule affectée du coefficient 2.

Mais, précise l'article 93, le chiffre produit par l'application de ces coefficients sera majoré, le cas échéant, de telle sorte que la pension soit au moins égale à une pension de la catégorie inférieure affectée d'un coefficient plus élevé.

Par suite, en pratique, les coefficients joueront de la façon suivante :

Pension comprise entre 1 et 900 francs : elle sera multipliée par le coefficient 3.

Pension comprise entre 901 et 1.080 francs : elle sera portée à 2.700 francs.

Pension comprise entre 1.080 et 1.500 francs : elle sera multipliée par le coefficient 2,5.

Pension comprise entre 1.501 et 1.666 francs : elle sera portée à 3.750 francs.

Pension comprise entre 1.667 et 2.500 francs : elle sera multipliée par le coefficient 2,25.

Pension comprise entre 2.501 et 2.812 francs : elle sera **portée** à 5.625 francs.

Pension comprise entre 2.813 et 6.000 francs : elle sera multipliée par le coefficient 2.

Pension supérieure à 6.000 francs : elle sera augmentée de 6.000 francs.

Le chef de brigade cité dans l'exemple de la page 34 verra donc porter sa pension à :

$$1.126 \times 2,5 = 2.815 \text{ francs.}$$

En attendant la revision effective de sa pension, il percevra donc 3.011 francs comme actuellement, sa situation ne devant pas être diminuée.

Enfin, quand plusieurs pensions sont fixées sur la même tête, le coefficient à appliquer est déterminé d'après le total du montant de chaque pension principale.

§ III. — Revision des pensions.

1° Règles générales.

Il sera ensuite procédé à la revision des pensions concédées, en tenant compte de ce que la loi prévoit la péréquation des tarifs et non des droits (1). Il n'est donc pas question d'envisager la rétroactivité des droits nouveaux (2).

Par voie de conséquence, les maxima antérieurement prévus par les lois anciennes sont abolis; les pensions doivent être revisées d'après les taux de la nouvelle loi et ne sont limitées que par les maxima nouveaux (3), car la loi prévoit une péréquation de tarifs et, par suite, de plafonds (3).

---

(1) Déclaration du Ministre des finances (Chambre, 5 avril 1924; *J. O.*, p. 1854).

(2) Déclaration du rapporteur (Chambre, 5 avril 1924; *J. O.*, p. 1855).

(3) Déclaration du Ministre des finances (Sénat, 12 avril 1924; *J. O.*, p. 791).

Par voie de conséquence encore, les bonifications pour familles nombreuses et les indemnités pour charges de famille (dont l'octroi constitue l'ouverture d'un droit nouveau) ne seront pas accordées aux retraités actuels (1). Ces bonifications et indemnités ne sont applicables qu'aux retraités de demain, La péréquation se fait sur la retraite et non sur les bonifications (2).

On tiendra compte, pour les revisions ,des éléments ci-après :

a) Services tels qu'ils ont été décomptés lors de la liquidation initiale (art. 94);

b) Traitements et soldes afférents, au 15 avril 1924, aux grades et emplois occupés pendant les trois dernières années de la carrière (art. 94).

Les traitements à envisager sont donc, non pas ceux de 1919, mais ceux actuellement en vigueur, indemnités comprises (3).

A souligner que tous les pensionnés, même ceux dont la pension est calculée sur leur dernier grade, verront leur pension revisée sur la base des traitements ou de la solde qu'ils auraient perçus pendant leurs trois dernières années d'activité si les tarifs de solde actuels avaient alors été en vigueur. Une seule exception est faite à l'article 30 en faveur des officiers mis à la retraite, par application de l'article 116 de la loi de finances du 30 juin 1923.

Les annuités seront comptées aux taux qui résulteront de ce traitement moyen (1/50ᵉ ou 1/60ᵉ) (4).

La pension ainsi revisée remplacera, si elle est supérieure, la pension affectée du coefficient (art. 94). Si le résultat obtenu par la péréquation est inférieur au calcul établi à l'aide des coefficients, c'est ce calcul qui sera appliqué (5).

Dans le premier cas, rappel de la pension revisée sera fait depuis le 15 avril 1924 (6).

Dans l'exemple que nous avons cité précédemment (chef de

---

(1) Disjonction de l'amendement Isaac (Chambre, 5 avril 1924; *J. O.*, p. 1854).

(2) Déclaration du rapporteur (Sénat, 11 avril 1924; *J. O.*, p. 768).

(3) Déclaration du Ministre des finances (Sénat, 12 avril 1924; *J. O.*, p. 794).

(4) Déclaration du commissaire du gouvernement (Sénat, 11 avril 1924; *J. O.*, p. 781).

(5) Déclaration du rapporteur (Chambre, 5 avril 1924; *J. O.*, p. 1855).

(6) Déclaration du Ministre des finances (Sénat, 12 avril 1924; *J. O.*, p. 795).

4° classe ayant 25 ans de service et 10 campagnes 2/12es); l'intéressé aura droit à revision sur la base de :

a) 35 annuités 2/12es;

b) Solde moyenne (en admettant qu'il ait perçu la solde de gendarme du 30 juin 1918 au 30 juin 1920 et de chef de 4° classe du 1er juillet 1920 au 1er juillet 1921) de :

$$\frac{4.338 \times 2 + 4.662}{3} = 4.446.$$

La pension sera portée à :

Pour 25 annuités :

$$\text{Minimum} : 4.446 \times \frac{3}{5} = 2.667\ 60$$

Pour 10 annuités supplémentaires :

$$4.446 \times \frac{10}{50} = \ \ 889\ 20$$

Pour 2/12es :

$$\frac{889\ 20 \times 2}{10 \times 12} = \ \ 14\ 82$$

Pour 10 majorations spéciales à la gendarmerie...................... 400 »

Au total.............. 3.971 62, soit 3.972 »

Il recevra un rappel depuis le 15 avril 1924, basé sur un taux annuel de 3.972—3.011 (1)=961 francs.

2° GRADES ET EMPLOIS SUPPRIMÉS.

Pour les grades et emplois qui auraient été supprimés, des décrets en Conseil d'Etat, qui doivent être rendus dans les deux mois de la mise en vigueur de la loi, régleront, pour chaque administration, leur assimilation avec les grades et les emplois actuellement existants (art. 94).

3° IMPOSSIBILITÉ DE RETROUVER OU DE RECONSTITUER LES ÉTATS DE SERVICE.

Dans les cas où il serait impossible de retrouver ou de reconstituer les états de service des intéressés, cette impossibilité

---

(1) Sommes perçues à la suite du jeu des coefficients.

matérielle sera constatée par la Section des finances du Conseil d'Etat, qui déterminera, par toutes méthodes appropriées, la catégorie de la nouvelle retraite (art. 94).

§ IV. — Maintien des situations actuelles.

Le supplément attribué comme il vient d'être indiqué remplacera l'indemnité de cherté de vie de 720 francs allouée par la loi du 12 avril 1922, qui cessera d'être servie aux bénéficiaires de la loi nouvelle.

Toutefois, *les titulaires de pension*, qui bénéficiaient de cette indemnité avant le 15 avril 1924 et pour lesquels la pension, augmentée du supplément, n'atteindrait pas le montant de leur ancienne pension augmentée de l'indemnité, recevront un complément de pension suffisant pour que leur situation actuelle ne soit pas modifiée (art. 95).

§ V. — Victimes de guerre pensionnées.

A. — MILITAIRES OU VEUVES DE MILITAIRES.

La loi n'accorde la péréquation qu'aux titulaires d'une pension mixte de l'article 59 (militaires de carrière) ou 60 (militaires de carrière ou veuves de militaires de carrière) de la loi du 31 mars 1919.

Toutefois, l'article 73 autorise ceux des intéressés qui auraient opté pour la pension du taux prévu pour le grade, par la loi du 31 mars 1919, d'opter à nouveau pour l'article 59 (militaires) ou 60 (militaires ou veuves). Ils bénéficieront ainsi des nouveaux tarifs.

Les dispositions de la loi n'ayant pas d'effet rétroactif, seules les veuves dont le mari avait ouvert droit à pension réversible d'ancienneté (c'est-à-dire qui, sauf les exceptions prévues par la loi du 16 avril 1920 ou celle du 22 juillet 1921 avait accompli au moins vingt-cinq ans de service), peuvent obtenir une amélioration de leur situation actuelle.

B. — FONCTIONNAIRES CIVILS OU VEUVES DE FONCTIONNAIRES CIVILS.

Les fonctionnaires civils anciens combattants qui, en raison d'infirmités ou maladies contractées dans la zone des armées pendant la guerre 1914-1919, ont été mis dans l'impossibilité de continuer leurs fonctions, par suite de l'exercice même de ces fonctions, ont le droit de demander la revision de leur pension civile actuelle et la transformation de leur pension en pension exceptionnelle du nouveau taux (art. 79, § 4°).

Les veuves et orphelins de fonctionnaires anciens combattants remplissant ces conditions et décédés avant le 15 avril 1924, ont la même faculté (art. 79, § 4°).

Veuves dont l'ayant cause est décé lé sans avoir droit à pension.

En principe, les veuves dont l'ayant cause est décédé avant le 15 avril 1924, ne peuvent se réclamer de la loi dont les dispositions, ainsi qu'il a été indiqué, n'ont pas d'effets rétroactifs.

Il a cependant été apporté une exception à cette règle fondamentale, en faveur des veuves des fonctionnaires, employés et ouvriers civils, des militaires et marins qui sont décédés *en activité de service* avant le 15 avril 1924, sans avoir droit à pension, par exemple parce qu'ils n'avaient accompli que dix, quinze ou vingt ans de service.

Leurs veuves recevront une allocation annuelle calculée comme il suit :

30 francs par année de service du mari, si celui-ci avait un traitement, une solde ou un salaire inférieur à 3.000 francs;

40 francs par année de service, si le traitement, la solde ou le salaire était compris entre 3.000 et 6.000 francs;

50 francs par année de service, si le traitement, la solde ou le salaire était de 6.000 francs et au-dessus.

Les traitements, soldes ou salaires à considérer sont ceux payés lors du décès et non ceux actuellement en vigueur.

Cette allocation n'est pas réversible sur les orphelins en cas de décès de la mère (1).

Les veuves pourvues d'un emploi public ou d'un bureau de tabac de 1re classe, en raison des services rendus par leur mari, devront opter entre le maintien de l'emploi ou du bureau de tabac et l'allocation annuelle.

---

(1) Rejet de l'amendement Mauger (Sénat, 14 décembre 1923; *J. O.*, p. 1896).

VI.

RECHERCHE DE L'ÉPOQUE OÙ EST ACQUISE LA RETRAITE.

Chercher l'époque à laquelle on aura 15 ou 25 ans de services effectifs pour demander sa retraite.

Reprenons le cas du gendarme X.

Nous avons vu comment l'on calcule le temps de service au régiment. Pour le gendarme X., la durée de ces services est de 2 ans 11 mois 16 jours.

Pour savoir à quelle époque il a eu 15 ans de services, inscrivons 15 ans au-dessus des chiffres représentant les services au régiment; mais, pour faciliter la soustraction, nous avons vu également qu'il faudrait écrire..... 14 ans 11 mois 30 jours

Services au régiment. . . . . 2 ans 11 mois 16 jours

Reste comme temps à faire dans la gendarmerie. . . . . 12 ans 0 mois 14 jours

Or, le gendarme X. a été nommé gendarme le 10 décembre 1894, ce que nous écrivons. 10 12 1894

Nous ajoutons à ces chiffres ceux représentant le temps restant à faire dans la gendarmerie pour avoir 15 ans de services, soit. 14 0 12

Le total est. 24 12 1906

ce qui se lit : 24 décembre 1906.

C'est donc le 24 décembre 1906 que le gendarme X. a eu 15 ans de services.

La recherche de l'époque à laquelle les 25 ans de services ont été atteints se fait, naturellement, de la même façon.

VII.

RETRAITE SUR LE PIED DU GRADE OBTENU AU RÉGIMENT.

L'ordonnance du 20 janvier 1841 accordait aux militaires de la gendarmerie la pension du grade obtenu au régiment lorsqu'ils n'avaient pas obtenu un grade supérieur dans la gendarmerie, c'est ainsi que les chefs de brigade et gendarmes admis dans l'arme avant le 13 juillet 1911 (1) peuvent être retraités sur le pied du grade obtenu au régiment s'ils y ont avantage, mais il leur est fait application de la législation antérieure à la loi du 13 juillet 1911.

Il résulte de ces dispositions que ceux de ces militaires qui en réclament le bénéfice se voient allouer, comme majorations spéciales à la gendarmerie, celles du tarif antérieur, soit :

18 francs pour les chefs de brigade d'une classe supérieure à la 4e;

15 francs pour les chefs de brigade de 4e classe;

8 francs pour les gendarmes.

Les veuves et orphelins voient leur pension liquidée d'après le régime appliqué à la pension du père ou du mari.

On comprend, en se reportant au tableau-barème n° 2, que les retraités proportionnels aient ainsi seuls intérêt à se faire retraiter sur le pied du grade obtenu au régiment.

VIII.

TAUX AUXQUELS SONT PAYÉES LES CAMPAGNES.

Nous avons vu, au chapitre II, paragraphe « Décompte des services et des campagnes », que les annuités de campagnes s'additionnaient en ans, mois et jours aux ans, mois et jours des services effectifs pour déterminer le nombre total des annuités entrant dans le décompte de la pension. Le taux auquel est payée une campagne est donc celui de toute annuité; il se trouve en annuité et douzième dans la colonne quadruple du tableau-barème n° 2, intitulée : « Montant des annuités ».

IX.

MAJORATIONS SPÉCIALES A LA GENDARMERIE.

Les pensions des militaires non officiers de la gendarmerie sont augmentées des majorations fixées par l'article 41 de la loi du 14 avril 1924 (voir le texte à la fin de l'ouvrage).

---

(1) La loi du 13 juillet 1911 avait amélioré les retraites des gendarmes et augmenté les majorations spéciales.

Aucune réserve n'est formulée ni à l'article 2, ni à l'article 34 quant au payement de ces majorations en sus du maximum.

C'est une question importante à trancher par le règlement d'administration publique qui doit, s'il respecte la législation antérieure, permettre le payement en sus du maximum.

Ces majorations étaient, pour le calcul des majorations de pension de la loi du 25 mars 1920, ajoutées à la pension, et le total recevait application de la majoration de la loi précitée.

Toutes ces raisons militent en faveur du maintien des règles anciennes, d'ailleurs prafaitement étudiées par le législateur du 18 août 1879, qui a créé les majorations spéciales à l'arme de la gendarmerie.

Les majorations spéciales sont acquises aux rappelés à la mobilisation réadmis. Elles sont comptées sur l'ensemble de leurs services et non de la date de leur réadmission (arrêt du Conseil d'Etat en date du 30 janvier 1924, basé sur l'article 2 de la loi du 16 avril 1920 relative à la revision des pensions des militaires à la suite des nouveaux services rendus pendant la guerre. — *Echo de la gendarmerie* du 6 avril 1924, page 222).

X.

RENSEIGNEMENTS DIVERS.

A. — **Obligation, pour les réadmis, de servir pendant cinq ans avant de demander leur pension proportionnelle ou de retraite.**

Cette obligation est imposée par le 3ᵉ alinéa de l'article 78 de la loi du 1ᵉʳ avril 1923, sur le recrutement de l'armée.

B. — **Les réadmis, après rappel à la mobilisation, ne sont pas tenus de faire cinq années dans la gendarmerie pour demander leur pension.**

(*J. O.* du 6 janvier 1921, p. 340.)

QUESTION ÉCRITE N° 6107.

M. BRINGER, député, a demandé à M. le Ministre des pensions si un gendarme démissionnaire, rappelé à l'activité du fait de la guerre, réadmis à la mobilisation comme rengagé et voyant son rengagement annulé par décret du 15 novembre 1920 (rétablissant le commissionnement), pourra demander sa retraite proportionnelle dès qu'il aura quinze ans de services (Q. E., du 13 décembre 1920).

RÉPONSE.

Réponse affirmative, à la condition que l'intéressé accomplisse quinze années de services effectifs (loi du 16 avril 1920, art. 2).

C. — Pensionnés résidant à l'étranger.

A la date du 13 juillet 1923, le Président de la République a promulgué la loi dont la teneur suit :

Article unique. Les pensionnés militaires français peuvent, sans aucune autorisation, résider à l'étranger sans perdre droit à la jouissance de leur pension.

Les dispositions de l'article 26, paragraphe 4, de la loi du 11 avril 1831, de l'article 28, paragraphe 4, de la loi du 18 avril 1831, et de l'article 13 de la loi du 23 mai 1834 sont abrogées.

D. — Avances sur pensions.

Le décret du 29 juin 1924 institue des avances trimestrielles sur pension permettant aux militaires admis à la retraite de percevoir trimestriellement des avances en attendant la liquidation de leur pension.

Les militaires de tout grade, les veuves et les orphelins peuvent réclamer le bénéfice de ces dispositions; leur obtention est soumise aux simples formalités suivantes réglées par l'instruction du 29 juin 1924, n° 0127/A.D. :

MILITAIRES.

Etablir une demande modèle 1, transmise, par l'intermédiaire du Conseil d'administration, au Directeur de l'intendance de la région dont dépend le domicile où le militaire compte jouir de sa pension (indication portée sur la demande d'admission à la retraite).

VEUVES.

Etablir une demande modèle 2, mentionnant exactement l'adresse de l'intéressée et l'adresser au Ministre des pensions (Direction de la liquidation, 2e Bureau).

ORPHELINS.

Mêmes dispositions que pour les veuves, la demande étant faite, si l'orphelin n'est ni majeur ni émancipé, par les soins de son tuteur.

PAYEMENT.

Les intéressés reçoivent, par les soins du sous-intendant départemental des pensions, un mandat de payement.

REMBOURSEMENT DES AVANCES.

Le remboursement des avances est effectué lors du premier payement des arrérages de la pension, par voie de reversement au Trésor.

Instruction du 29 juin 1924 pour l'application du décret du
29 juin 1924.

MODÈLE N° 1.

*Demande d'avances trimestrielles sur pensions d'ancienneté
ou proportionnelle.*

Je, soussigné,
ayant perçu la solde afférente aux grades ci-après
nommé au grade (1) de   ,à compter du
et au grade de (2)   le   , né le
à   , département   ,
désirant jouir de ma retraite à   , rue
n°   , département   demande à bénéficier
d'avances trimestrielles sur la pension (d'ancienneté ou proportionnelle)
à laquelle j'ai droit par décision ministérielle du

Ces avances devront être précomptées sur les arrérages de ma pension.
Je déclare être (ou ne pas être) en possession d'un titre d'allocation
d'attente P. d'avances sur pension d'infirmité et calculé sur le grade
de

Date :

Signature :

ATTESTATIONS.

Le Conseil d'administration du
ou général commandant la subdivision de région, certifie que, à sa connaissance, le (nom, prénom, grade)
est entré au service le
a été nommé au grade de (1)   le
et au grade de (2)   le
et réunit   années de service militaire effectif (non compté
les campagnes).

NOTA. — Joindre à la présente demande un certificat de cessation de
payement de solde et adresser le présent dossier au directeur de l'intendance de la région du domicile de l'intéressé.

(1) Dernier grade.
(2) Avant-dernier grade.

MINISTÈRE
DES PENSIONS, DES PRIMES
et des
ALLOCATIONS DE GUERRE.

Instruction du 29 juin 1924 pour l'application du décret du 29 juin 1924 instituant des avances trimestrielles sur pensions.

MODÈLE N° 2.

Demande d'avances sur pension de reversion.

Je soussigné (nom, prénoms et nom de jeune fille pour les veuves)

née à

département   domicilié à

, rue   , n°   , département

déclare être (veuve *ou* tuteur des orphelins) de (nom, prénoms)

grade   échelon;

lequel est décédé le   dans les conditions prévues pour ouvrir droit à pension reversible.

La présente déclaration est faite en vue d'obtenir le mandatement d'avances trimestrielles sur la pension qui me revient (ou qui revient aux orphelins de   ) et qui devront être précomptées sur les arrérages de ma pension.

Je déclare, en outre, être (*ou* ne pas être) en possession d'un titre de paiement d'allocation provisoire d'attente, modèle P. calculé sur le grade de   en application de la loi du 31 mars 1919 (mention à rayer s'il n'y a pas lieu à application de la pension mixte).

J'atteste que je suis (*ou* ne suis pas) titulaire d'un emploi rétribué par l'État, par un département, une commune, un établissement public, une colonie ou un pays de protectorat (indiquer l'emploi dans l'affirmative) et que je suis (*ou* ne suis pas) titulaire d'une pension (indiquer le motif de la concession de la pension et le montant de la pension dans l'affirmative).

Date :

Signature :

<table>
<tr><td>

MINISTÈRE
DES PENSIONS

* RÉGION
ou
GOUVERNEMENT MILITAIRE
d

—

Direction
de l'Intendance
—
N°
au contrôle central.

</td><td>

Instruction du 29 juin 1924 pour l'application du décret du 29 juin 1924.

RÉPUBLIQUE FRANÇAISE

PENSIONS MILITAIRES

</td><td>

MODÈLE N° 3.

</td></tr>
</table>

AUTORISATION

*provisoire de payement du minimum d'une pension
en cours de liquidation.*

AU NOM DU MINISTRE DES PENSIONS,

le

certifie que M.

né le

à   , département d

est actuellement en instance de pension et que, en attendant la concession de sa pension, il a droit de recevoir une avance trimestrielle de francs, payable à terme échu, laquelle a été calculée ainsi qu'il suit :

Minimum de la pension afférente à la solde moyenne annuelle de d'après laquelle la liquidation doit être effectuée : francs.

Le quart de ce minimum est de   francs.

Arrérages trimestriels :   francs, commençant à courir à partir du

Signature du titulaire :

> Vu et inscrit au registre des avances sur pensions.
> Le sous-intendant militaire chargé du service des pensions dans le département d

NOTA. — Le certificat d'inscription ne sera remis à l'ayant droit qu'en échange de la présente autorisation provisoire.

Avis important. — Pour éviter tout retard dans la remise du titre de pension, l'intéressé est invité à signaler, le cas échéant, au Ministre des pensions (1er Service, 3e Bureau) tous changements effectués dans le lieu primitivement indiqué comme résidence.

AVANCE	AVANCE	AVANCE	AVANCE
TRIMESTRIELLE	TRIMESTRIELLE	TRIMESTRIELLE	TRIMESTRIELLE
payable le	payable le	payable le	payable le
Ordonnancé la somme de francs suivant mandat n° délivré le à	Ordonnancé la somme de francs suivant mandat n° délivré le à	Ordonnancé la somme de francs suivant mandat n° délivré le à	Ordonnancé la somme de francs suivant mandat n° délivré le à
AVANCE	AVANCE	AVANCE	AVANCE
TRIMESTRIELLE	TRIMESTRIELLE	TRIMESTRIELLE	TRIMESTRIELLE
payable le	payable le	payable le	payable le
Ordonnancé la somme de francs suivant mandat n° délivré le à	Ordonnancé la somme de francs suivant mandat n° délivré le à	Ordonnancé la somme de francs suivant mandat n° délivré le à	Ordonnancé la somme de francs suivant mandat n° délivré le à

Visa des Sous-Intendants militaires en cas de changement de département.

Vu pour départ (a été rayé sur le registre des titulaires d'avances résidant dans le département d	Vu pour arrivée (a été inscrit au registre des titulaires d'avances résidant dans le département d	Vu pour départ (a été rayé sur le registre des titulaires d'avances résidant dans le département d	Vu pour arrivée (a été inscrit au registre des titulaires d'avances résidant dans le département d
Vu pour départ (a été rayé sur le registre des titulaires d'avances résidant dans le département d	Vu pour arrivée (a été inscrit au registre des titulaires d'avances résidant dans le département d	Vu pour départ (a été rayé sur le registre des titulaires d'avance résidant dans le département d	Vu pour arrivée (a été inscrit au registre des titulaires d'avances résidant dans le département d
Vu pour départ (a été rayé sur le registre des titulaires d'avances résidant dans le département d	Vu pour arrivée (a été inscrit au registre des titulaires d'avances résidant dans le département d	Vu pour départ (a été rayé sur le registre des titulaires d'avances résidant dans le département d	Vu pour arrivée (a été inscrit au registre des titulaires d'avances résidant dans le département d

Instruction du 27 juin 1924, pour l'application du décret du 29 juin 1924, instituant des avances trimestrielles sur pensions.

**MINISTÈRE
DES PENSIONS**

—

Direction
de la Liquidation

(2ᵉ Bureau)

Nᵒ
au contrôle central..

RÉPUBLIQUE FRANÇAISE

MODÈLE 3 *bis*.

PENSIONS MILITAIRES

AUTORISATION

*provisoire de payement du minimum d'une pension
en cours de liquidation.*

AU NOM DU MINISTRE DES PENSIONS,

le

certifie que Mᵐᵉ

à   département d

est actuellement en instance de pension et que, en attendant la concession de sa pension, elle a droit de recevoir une avance trimestrielle de

francs, payable à terme échu, laquelle a été calculée ainsi qu'il suit :

Minimum de la pension afférente à la solde moyenne de

d'après laquelle la liquidation doit être effectuée :   francs ;

Le quart de ce minimum est de   francs.

Arrérages trimestriels :   francs commençant à courir à partir du

Signature du titulaire :

Vu et inscrit au registre des avances sur pensions. Le sous-intendant militaire chargé du service des pensions dans le département de

A   , le   192 .

Pour le Ministre et par son ordre,

NOTA. — Le certificat d'inscription ne sera remis à l'ayant droit qu'en échange de la présente autorisation provisoire.

AVIS IMPORTANT. — Pour éviter tout retard dans la remise du titre de pension, l'intéressé est invité à signaler, le cas échéant, au ministère des pensions, Direction de la liquidation des pensions (2ᵉ Bureau) tous changements effectués dans le lieu primitivement indiqué comme résidence.

| AVANCE | AVANCE | AVANCE | AVANCE |
TRIMESTRIELLE payable le	TRIMESTRIELLE payable le	TRIMESTRIELLE payable le	TRIMESTRIELLE payable le
Ordonnancé la somme de francs suivant mandat n° délivré le à	Ordonnancé la somme de francs suivant mandat n° délivré le à	Ordonnancé la somme de francs suivant mandat n° délivré le à	Ordonnancé la somme de francs suivant mandat n° délivré le à
AVANCE TRIMESTRIELLE payable le	AVANCE TRIMESTRIELLE payable le	AVANCE TRIMESTRIELLE payable le	AVANCE TRIMESTRIELLE payable le
Ordonnancé la somme de francs suivant mandat n° délivré le à	Ordonnancé la somme de francs suivant mandat n° délivré le à	Ordonnancé la somme de francs suivant mandat n° délivré le à	Ordonnancé la somme de francs suivant mandat n° délivré le à

Visas des Sous-Intendants militaires en cas de changement de département.

Vu pour départ (a été rayé sur le registre des titulaires d'avances résidant dans le département d	Vu pour arrivée (a été rayé sur le registre des titulaires d'avances résidant dans le département d	Vu pour départ (a été rayé sur le registre des titulaires d'avances résidant dans le département d	Vu pour arrivée (a été rayé sur le registre des titulaires d'avances résidant dans le département d
Vu pour départ (a été rayé sur le registre des titulaires d'avances résidant dans le département d	Vu pour arrivée (a été rayé sur le registre des titulaires d'avances résidant dans le département d	Vu pour départ (a été rayé sur le registre des titulaires d'avances résidant dans le département d	Vu pour arrivée (a été rayé sur le registre des titulaires d'avances résidant dans le département d

Tableau indiquant le montant des avances consenties aux militaires en instance de pension.

GRADES.		SOLDE DE BASE.	MONTANT TRIMESTRIEL DE L'AVANCE.	
			Pension d'ancienneté.	Pension proportionnelle.
Général de division............... ...		29.851	3.731	»
Général de brigade............... ...		23.977	2.997	»
Colonel.................		19.705	2.463	»
Lieutenant-colonel.........		16.673	2.084	»
Chef d'escadron	2e échelon...............	15.366	1.922	»
	1er échelon..........	14.418	1.802	»
Capitaine.	4e échelon...............	12.590	1.574	»
	3e échelon ....,...	12.022	1.502	»
	2e échelon	11.453	1.431	»
	1er échelon...............	10.885	1.361	»
Lieutenant	4e échelon............. ..	9.634	1.204	»
	3e échelon...............	9.066	1.133	»
	2e échelon...............	8.687	1.086	»
	1er échelon...............	8.308	1.038	»
Sous-lieutenant.	2e échelon...............	7.190	1.000	»
	1er échelon...............	6.811	1.000	»
Chef de brigade.	Hors classe...............	5.929	888	»
	1re classe.. après 20 ans..	5.724	858	»
	1re classe.. après 15 ans..	5.706	»	855
	2e classe.. après 20 ans.	5.130	769	»
	2e classe.. après 15 ans..	5.094	»	751
	3e classe.. après 20 ans..	4.842	723	»
	3e classe.. après 15 ans..	4.788	»	718
	4e classe.. après 20 ans..	4.662	699	»
	4e classe.. après 15 ans..	4.608	»	691
Gendarme...........	après 20 ans..	4.338	650	»
	après 15 ans..	4.284	»	642

E. — Liquidation des pensions.

Les militaires ayant droit à pension adressent une demande du modèle ordinaire, par la voie hiérarchique, en indiquant le lieu où ils se retirent et s'ils désirent attendre la liquidation dans leurs foyers ou au corps.

Le dossier est établi par le Conseil d'administration et comprend :

Une demande sur formule spéciale;
L'extrait de naissance;
L'état signalétique et des services.

Le dossier est adressé au Ministre des pensions, qui le vérifie, puis liquide la pension et établit auparavant un état décompté soumis à l'intéressé.

Le dossier est ensuite transmis au Ministre des finances, qui concède la pension, établit les titres et les fait parvenir aux retraités, par l'intermédiaire du sous-intendant départemental des pensions.

F. — Prescription.

Les militaires rayés des contrôles perdent leurs droits à pension, s'ils n'en ont pas réclamé la liquidation dans les cinq ans qui suivent leur radiation.

G. — Erreurs.

En cas d'erreurs, les intéressés peuvent réclamer directement au ministère des pensions.

Si la réclamation est rejetée, elle ne peut plus être examinée que par le Conseil d'Etat, saisi par requête de l'intéressé adressée soit directement, soit par l'intermédiaire d'un avocat au Conseil d'Etat. Le pourvoi en Conseil d'Etat n'empêche pas le pensionné de percevoir les arrérages de sa pension, et ce fait n'implique, en aucune façon, renonciation à poursuivre la reconnaissance de ses droits.

H. — Reformés.

Les militaires de la gendarmerie atteints d'une invalidité ne leur permettant plus de rester au service reçoivent la pension à laquelle leur donnent droit leurs services et campagnes, augmentée de la pension d'invalidité du taux de simple soldat.

La majoration spéciale à l'arme de la gendarmerie est due même aux retraités proportionnels par réforme pour les années de services effectifs passées dans la gendarmerie à partir de quinze ans de services.

Ces pensions se calculent à simple lecture des tableaux-barèmes 2 et 6 ci-après.

XI.

PENSIONS DES AUXILIAIRES INDIGÈNES.

Les droits à pension d'ancienneté ou à pension proportionnelle, pour les militaires indigènes recrutés par voie d'engagement ou d'appel individuel, sont acquis dans les mêmes conditions que pour les militaires français. Le taux et les règles d'allocation de leur pension, pour les militaires indigènes non officiers, seront fixés par des règlements d'administration publique, d'après les conditions de la vie locale (art. 42).

Pour l'Algérie et la Tunisie, le tarif est actuellement le suivant :

TARIF ANNEXÉ (1)

à la loi modifiant celle du 11 juillet 1903 sur les pensions des militaires indigènes de l'Algérie et de la Tunisie.

GRADES	MINIMUM DE LA PENSION proportionnelle à 16 ans de services effectifs. — 15/25 du tarif métropolitain.	ACCROISSEMENT POUR CHAQUE ANNÉE de services effectifs en sus de 16 ans et pour chaque campagne jusqu'à 25 ans de services, campagnes comprises.	MINIMUM DE LA PENSION pour ancienneté à 25 ans de services effectifs.	ACCROISSEMENT pour chaque année de services effectifs en sus de 25 ans et pour chaque campagne entre 25 et 45 ans de services, campagnes comprises.	MAXIMUM A 45 ANS de services, campagnes comprises.	MAJORATION SPÉCIALE pour les auxiliaires indigènes algériens de la légion de gendarmerie d'Afrique et de la compagnie de gendarm^{erie} de Tunisie
	francs.	francs.	francs.	fr. c.	francs.	francs.
Adjudant............	600	20	780	7 50	930	»
Sous-officier.......	480	13	597	7 50	747	18
Caporal ou brigadier	420	12	528	6 25	653	10
Soldat.............	360	10	450	5 »	550	8

(1) Complété par le tableau 3 annexé à la loi du 30 septembre 1916, *B. C.*, p. 1000.

XII.

BARÈMES.

Tableau-Barème N° 1. **Fonctionnaires civils.**

Traitement moyen	Cadre sédentaire Annuité (1/60)	Mensualité	Cadre actif Annuité (1/50)	Mensualité	Minimum de la pension	1	2	3	4	5	6	7	8	9	10
30.000	500	42	600	50	15.000	15.500	16.000	16.500	17.000	17.500	18.000	18.000[2]	18.000[2]	18.000[2]	18.000[2]
29.000	483	40	580	48	14.500	14.983	15.466	15.950	16.433	16.916	17.400	17.883	18.000[2]	18.000[2]	18.000[2]
28.000	466	39	560	47	14.000	14.466	14.933	15.400	15.866	16.333	16.800	17.266	17.732	18.000[2]	18.000[2]
27.000	450	37	540	45	13.500	13.950	14.400	14.850	15.300	15.750	16.200	16.650	17.100	17.550	18.000
26.000	433	36	520	43	13.000	13.433	13.866	14.300	14.733	15.166	15.600	16.033	16.466	16.900	17.333
25.000	416	35	500	41	12.500	12.916	13.333	13.750	14.166	14.583	15.000	15.416	15.833	16.250	16.666
24.000	400	33	480	40	12.000	12.400	12.800	13.200	13.600	14.000	14.400	14.800	15.200	15.600	16.000
23.000	383	32	460	38	11.500	11.883	12.266	12.650	13.033	13.416	13.800	14.183	14.566	14.950	15.333
22.000	366	30	440	37	11.000	11.366	11.733	12.100	12.466	12.833	13.200	13.566	13.933	14.300	14.666
21.000	350	29	420	35	10.500	10.850	11.200	11.550	11.900	12.250	12.600	12.950	13.300	13.650	14.000
20.000	333	27	400	33	10.000	10.333	10.666	11.000	11.333	11.666	12.000	12.333	12.666	13.000	13.333
19.000	316	26	380	32	9.500	9.816	10.133	10.450	10.766	11.083	11.400	11.716	12.033	12.350	12.666
18.000	300	25	360	30	9.000	9.300	9.600	9.900	10.200	10.500	10.800	11.100	11.400	11.700	12.000
17.000	283	23	340	28	8.500	8.783	9.066	9.350	9.633	9.916	10.200	10.483	10.766	11.050	11.333
16.000	266	22	320	27	8.000	8.266	8.533	8.800	9.066	9.333	9.600	9.866	10.133	10.400	10.666
15.000	250	21	300	26	7.500	7.750	8.000	8.250	8.500	8.750	9.000	9.250	9.500	9.750	10.000
14.000	233	20	280	23	7.000	7.233	7.466	7.700	7.933	8.166	8.400	8.633	8.866	9.100	9.333
13.000	216	18	260	22	6.500	6.716	6.933	7.150	7.366	7.583	7.800	8.016	8.233	8.450	8.666
12.000	200	17	240	20	6.000	6.200	6.400	6.600	6.800	7.000	7.200	7.400	7.600	7.800	8.000
11.000	183	15	220	18	5.500	5.683	5.866	6.050	6.233	6.416	6.600	6.783	6.966	7.150	7.333
10.000	166	14	200	17	5.000	5.166	5.333	5.500	5.666	5.833	6.000	6.166	6.333	6.500	6.666
9.000	150	12	180	15	4.500	4.650	4.800	4.950	5.100	5.250	5.400	5.550	5.700	5.850	6.000
8.000	133	11	160	14	4.000	4.133	4.266	4.400	4.533	4.666	4.800	4.933	5.066	5.200	5.333
7.000	116	10	140	12	4.000	4.116	4.233	4.350	4.466	4.583	4.700	4.816	4.933	5.050	5.166
6.000	100	8	120	10	3.600	3.700	3.800	3.900	4.000	4.100	4.200	4.300	4.400	4.500	4.600
5.000	83	7	100	8	3.000	3.083	3.166	3.250	3.333	3.416	3.500	3.583	3.666	3.750	3.750
4.000	66	5	80	7	2.400	2.466	2.533	2.600	2.666	2.733	2.800	2.866	2.933	3.000	3.000
3.000	50	4	60	5	1.800	1.850	1.900	1.950	2.000	2.050	2.100	2.150	2.200	2.250	2.250
2.000	33	3	40	3	1.200	1.233	1.266	1.300	1.333	1.366	1.400	1.433	1.466	1.500	1.500

(Traitement moyen : colonne de gauche ; Annuités supplémentaires — Cadre sédentaire : Annuité, Mensualité ; Cadre actif : Annuité, Mensualité ; Minimum de la pension ; Annuités supplémentaires (fonctionnaires du cadre sédentaire), colonnes 1 à 10.)

Fonctionnaires civils.

ANNUITÉS SUPPLÉMENTAIRES (...u cadre sédentaire) — colonnes 11 à 15 ; ANNUITÉS SUPPLÉMENTAIRES (fonctionnaires du cadre actif) — colonnes 1 à 9.

Traitement moyen	11	12	13	14	15	Actif 1	2	3	4	5	6	7	8	9
30.000	18.000[2]	18.000[2]	18.000[2]	18.000[2]	18.000[2]	15.600	16.200	16.800	17.400	18.000	18.000[2]	18.000[2]	18.000[2]	18.000[2]
29.000	18.000[2]	18.000[2]	18.000[2]	18.000[2]	18.000[2]	15.080	15.660	16.240	16.820	17.400	17.980	18.000[2]	18.000[2]	18.000[2]
28.000	18.000[2]	18.000[2]	18.000[2]	18.000[2]	18.000[2]	14.560	15.120	15.680	16.240	16.800	17.360	17.920	18.000[2]	18.000[2]
27.000	18.000[2]	18.000[2]	18.000[2]	18.000[2]	18.000[2]	14.040	14.580	15.120	15.660	16.200	16.740	17.280	17.820	18.000[2]
26.000	17.766	18.000[2]	18.000[2]	18.000[2]	18.000[2]	13.520	14.040	14.560	15.080	15.600	16.120	16.640	17.160	17.680
25.000	17.083	17.500	17.916	18.000[2]	18.000[2]	13.000	13.500	14.000	14.500	15.000	15.500	16.000	16.500	17.000
24.000	16.400	16.800	17.200	17.600	18.000	12.480	12.960	13.440	13.920	14.400	14.880	15.360	15.840	16.320
23.000	15.716	16.100	16.483	16.866	17.250	11.960	12.420	12.880	13.340	13.800	14.260	14.720	15.180	15.640
22.000	15.033	15.400	15.766	16.133	16.500	11.440	11.880	12.320	12.760	13.200	13.640	14.080	14.520	14.960
21.000	14.350	14.700	15.050	15.400	15.750	10.920	11.340	11.760	12.180	12.600	13.020	13.440	13.860	14.280
20.000	13.666	14.000	14.333	14.666	15.000	10.400	10.800	11.200	11.600	12.000	12.400	12.800	13.200	13.600
19.000	12.983	13.300	13.616	13.933	14.250	9.880	10.260	10.640	11.020	11.400	11.780	12.160	12.540	12.920
18.000	12.300	12.600	12.900	13.200	13.500	9.360	9.720	10.080	10.440	10.800	11.160	11.520	11.880	12.240
17.000	11.616	11.900	12.183	12.466	12.750	8.840	9.180	9.520	9.860	10.200	10.540	10.880	11.220	11.560
16.000	10.933	11.200	11.466	11.733	12.000	8.320	8.640	8.960	9.280	9.600	9.920	10.240	10.560	10.880
15.000	10.250	10.500	10.750	11.000	11.250	7.800	8.100	8.400	8.700	9.000	9.300	9.600	9.900	10.200
14.000	9.566	9.800	10.033	10.266	10.500	7.280	7.560	7.840	8.120	8.400	8.680	8.960	9.240	9.520
13.000	8.883	9.100	9.316	9.533	9.750	6.760	7.020	7.280	7.540	7.800	8.060	8.320	8.580	8.840
12.000	8.200	8.400	8.600	8.800	9.000	6.240	6.480	6.720	6.960	7.200	7.440	7.680	7.920	8.160
11.000	7.516	7.700	7.883	8.066	8.250	5.720	5.940	6.160	6.380	6.600	6.820	7.040	7.260	7.480
10.000	6.833	7.000	7.166	7.333	7.500	5.200	5.400	5.600	5.800	6.000	6.200	6.400	6.600	6.800
9.000	6.150	6.300	6.450	6.600	6.750	4.680	4.860	5.040	5.220	5.400	5.580	5.760	5.940	6.120
8.000	5.466	5.600	5.733	5.866	6.000	4.160	4.320	4.480	4.640	4.800	4.960	5.120	5.280	5.440
7.000	5.250	5.250	5.250	5.250	5.250	4.140	4.280	4.420	4.560	4.700	4.840	4.980	5.120	5.250
6.000	4.500	4.500	4.500	4.500	4.500	3.720	3.840	3.960	4.080	4.200	4.320	4.440	4.500	4.500
5.000	3.750	3.750	3.750	3.750	3.750	3.100	3.200	3.300	3.400	3.500	3.600	3.700	3.750	3.750
4.000	3.000	3.000	3.000	3.000	3.000	2.480	2.560	2.640	2.720	2.800	2.880	2.960	3.000	3.000
3.000	2.250	2.250	2.250	2.250	2.250	1.860	1.920	1.980	2.040	2.100	2.160	2.220	2.250	2.250
2.000	1.500	1.500	1.500	1.500	1.500	1.240	1.280	1.320	1.360	1.400	1.440	1.480	1.500	1.500

[2] Pour les fonctionnaires ayant servi pendant les hostilités, toutes les annuités supplémentaires peuvent être décomptées jusqu'à concurrence de 15 (art. 80) même au-dessus de 18.000 francs.

TABLEAU-BARÈME N° 1 (*suite*).

TRAITEMENT MOYEN.	ANNUITÉS supplémentaires. Cadre sédentaire. Annuité. (1/60)	Cadre sédentaire. Mensualité.	ANNUITÉS supplémentaires. Cadre actif. Annuité. (1/50)	Cadre actif. Mensualité.	MINIMUM de la PENSION.	ANNUITÉS SUPPLÉMENTAIRES (fonctionnaires du cadre actif) — 10	11	12	12 1/2	Annuités exceptionnelles supplémentaires pouvant être allouées aux fonctionnaires et employés du cadre actif en sus des maxima au titre de la guerre 1914-1919 — 13	14	15
30.000	500	41	600	50	15.000	(2) 18.000	(2) 18.000	(2) 18.000	(2) 18.000	22.800	23.400	24.000
29.000	483	40	580	48	14.500	(2) 18.000	(2) 18.000	(2) 18.000	(2) 18.000	22.740	22.620	23.200
28.000	466	39	560	47	14.000	(2) 18.000	(2) 18.000	(2) 18.000	(2) 18.000	21.280	21.840	22.400
27.000	450	37	540	45	13.500	(2) 18.000	(2) 18.000	(2) 18.000	(2) 18.000	20.520	21.060	21.000
26.000	433	36	520	43	13.000	(2) 18.000	(2) 18.000	(2) 18.000	(2) 18.000	19.760	20.280	20.800
25.000	416	35	500	41	12.500	17.500	(2) 18.000	(2) 18.000	(2) 18.000	19.000	19.500	20.000
24.000	400	33	480	40	12.000	16.800	17.280	17.760	(2) 18.000	18.240	18.720	19.200
23.000	383	32	460	38	11.500	16.100	16.560	17.020	17.250	17.480	17.940	18.400
22.000	366	30	440	37	11.000	15.400	15.840	16.280	16.500	16.720	17.160	17.600
21.000	350	29	420	35	10.500	14.700	15.120	15.540	15.750	15.960	16.380	16.800
20.000	333	29	400	33	10.000	14.000	14.400	14.800	15.000	15.200	15.600	16.000
19.000	316	26	380	32	9.500	13.300	13.680	14.060	14.250	14.440	14.820	15.200
18.000	300	25	360	30	9.000	12.600	12.960	13.320	13.500	13.680	14.040	14.400
17.000	283	23	340	28	8.500	11.900	12.240	12.580	12.750	12.920	13.260	13.600
16.000	266	22	320	27	8.000	11.200	11.520	11.840	12.000	12.160	12.480	12.800
15.000	250	21	300	25	7.500	10.500	10.800	11.100	11.250	11.400	11.700	12.000
14.000	233	20	280	23	7.000	9.800	10.080	10.360	10.500	10.640	10.920	11.200
13.000	216	18	260	22	6.500	9.100	9.360	9.620	9.750	9.880	10.140	10.400
12.000	200	17	240	20	6.000	8.400	8.640	8.880	9.000	9.120	9.360	9.600
11.000	183	15	220	18	5.500	7.700	7.920	8.140	8.250	9.360	9.5?0	8.800
10.000	166	14	200	17	5.000	7.000	7.200	7.400	7.500	7.600	7.800	8.000
9.000	150	12	180	15	4.500	6.300	6.480	6.660	6.750	6.840	7.020	7.200
8.000	133	11	160	14	4.000	5.600	5.760	5.920	6.000	6.080	6.240	6.400
7.000	116	10	140	12	4.000	5.250	5.250	5.250	5.250	5.320	5.460	5.600
6.000	100	8	120	10	3.600	4.500	4.500	4.500	4.500	4.560	4.620	4.800
5.000	83	7	100	8	3.000	3.750	3.750	3.750	3.750	3.800	3.900	4.000
4.000	60	5	80	7	2.400	3.000	3.000	3.000	3.000	3.040	3.120	3.200
3.000	50	4	60	5	1.800	2.250	2.250	2.250	2.250	2.280	2.340	2.400
2.000	33	3	40	3	1.200	1.500	1.500	1.500	1.500	1.520	1.560	1.600

(2) Pour les fonctionnaires ayant servi pendant les hostilités, toutes les annuités supplémentaires doivent être décomptées jusqu'à concurrence de 15 (art. 80) même en sus de 18.000 francs.

TABLEAU-BARÈME N° 2.

Officiers n'ayant pas servi 6 ans hors d'Euro[pe] ou en navigation. — Hommes de troupe.

GRADES.	SOLDE de BASE.	Annuité (avant 25 ou 30 ann.)	Mensualité (avant)	Annuité (après 25 ou 30 ann.)	Mensualité (après)	15	16	17	18	19	20	21	22	23	24	25
Génér. de div.	29.852	497	41	597	50	7.463	7.960	8.458	8.954	9.453	9.951	10.448	10.945	11.443	11.941	12.439
Génér. de brig.	23.978	400	33	480	40	5.945	6.399	6.794	7.194	7.593	7.993	8.393	8.792	9.192	9.591	9.991
Colonel	19.705	328	27	394	33	4.927	5.255	5.583	5.911	6.239	6.569	6.897	7.225	7.553	7.882	8.211
Lieut.-colonel	16.674	278	23	333	28	4.169	4.447	4.725	5.003	5.281	5.530	5.837	6.115	6.393	6.671	6.949
Chef de bat. 2e éch.	15.366	256	21	307	25	3.842	4.098	4.354	4.610	4.816	5.122	5.378	5.634	5.890	6.146	6.402
Chef de bat. 1er éch.	14.419	240	20	288	24	3.605	3.845	4.085	4.325	4.564	4.804	5.046	5.286	5.526	5.766	6.007
Capitaine 4e échel.	12.591	210	17	254	21	3.148	3.358	3.568	3.778	3.988	4.198	4.408	4.618	4.828	5.038	5.248
Capitaine 3e échel.	12.022	200	17	240	20	3.005	3.206	3.406	3.606	3.806	4.007	4.207	4.407	4.608	4.808	5.009
Capitaine 2e échel.	11.454	191	16	229	19	2.864	3.056	3.248	3.437	3.628	3.818	4.009	4.200	4.391	4.582	4.773
Capitaine 1er échel.	10.885	181	15	217	18	2.722	2.903	3.084	3.265	3.447	3.630	3.811	3.992	4.173	4.355	4.536
Lieutenant 4e échel.	9.635	160	13	193	16	2.409	2.569	2.729	2.889	3.049	3.211	3.371	3.531	3.691	3.851	4.014
Lieutenant 3e éche.	9.066	151	12	181	15	2.267	2.418	2.569	2.720	2.871	3.022	3.173	3.324	3.475	3.626	3.777
Lieutenant 2e échel.	8.687	144	12	173	14	2.172	2.316	2.460	2.604	2.748	2.896	3.040	3.184	3.328	3.472	3.620
Sous-lieutenant 2e échelon	7.191	133	11	144	12	2.000	2.133	2.266	2.400	2.533	2.666	2.800	2.933	3.066	3.200	3.333
Adjudant-chef	5.904	141	12	118	10	2.126	2.267	2.408	2.549	2.690	2.834	2.975	3.116	3.267	3.400	3.543
Adjudant	5.544	133	11	111	9	1.995	2.128	2.261	2.394	2.527	2.631	2.794	2.927	3.060	3.193	3.326
Sergent-major	4.500	108	9	90	8	1.620	1.728	1.836	1.944	2.052	2.160	2.268	2.376	2.484	2.592	2.700
Sergent	4.212	101	8	84	7	1.515	1.617	1.718	1.819	1.920	2.021	2.122	2.223	2.324	2.425	2.527
Caporal	»	85	7	29	2	1.272	1.357	1.442	1.527	1.612	1.696	1.781	1.866	1.951	2.036	2.120
Soldat	»	77	6	20	2	1.152	1.229	1.306	1.383	1.460	1.536	1.613	1.690	1.767	1.844	1.920
Gendarmerie.																
Chef de brigade H. C.	5.959	142	12	118	10	2.134	2.276	2.478	2.560	2.702	2.845	2.987	3.129	3.271	3.414	3.557
Chef de brig. 1re cl. ap. 20 a.	5.724	137	12	114	12	2.061	2.196	2.335	2.472	2.610	2.748	2.885	3.022	3.160	3.297	3.434
Chef de brig. 1re cl. ap. 15 a.	5.706	137	12	114	12	2.054	2.191	2.328	2.465	2.602	2.740	2.877	3.014	3.151	3.288	3.425
C. de B. 2e cl. ap. 20 a.	5.130	123	10	102	8	1.846	1.963	2.092	2.215	2.339	2.462	2.585	2.708	2.831	2.954	3.056
C. de B. 2e cl. ap. 15 a.	5.094	122	10	102	8	1.833	1.955	2.077	2.200	2.322	2.444	2.566	2.688	2.810	2.932	3.056
C. de B. 3e cl. ap. 20 a.	4.842	116	10	97	8	1.743	1.859	1.975	2.091	2.207	2.324	2.440	2.556	2.672	2.788	2.905
C. de B. 3e cl. ap. 15 a.	4.788	115	10	95	8	1.723	1.838	1.953	2.068	2.183	2.298	2.413	2.528	2.643	2.758	2.873
C. de B. 4e cl. ap. 20 a.	4.662	112	9	93	8	1.678	1.790	1.902	2.014	2.126	2.237	2.349	2.461	2.573	2.685	2.797
C. de B. 4e cl. ap. 15 a.	4.608	111	9	92	8	1.659	1.770	1.881	1.992	2.103	2.212	2.323	2.434	2.545	2.656	2.765
Gendarmes ap. 20 a.	4.334	104	9	87	7	1.561	1.665	1.769	1.873	1.977	2.082	2.186	2.290	2.394	2.493	2.603
Gendarmes ap. 15 a.	4.284	103	9	85	7	1.542	1.645	1.748	1.851	1.954	2.056	2.159	2.262	2.365	2.468	2.570

Majorations spéciales à l'arme de la gendarmerie dues après 25 ans de service pour chaque année en sus de 15. } Chef de brigade H.C. 65. — C.B. 1re cl. 55. — C. B. 2e cl., 50. — C. B. 3e cl., 45. — C B. 4e cl., 40. — Gendarme, 35.

(2) Pour les officiers généraux ayant servi pendant les hostilités : 36, 18.508 ; 37, 19.105 ; 38, 19.702 ; 39, 20.299 ; 40, 20.896 ; 41, 21.913 ; 42, 22.090.

Pour les sous-lieutenants ayant servi pendant les hostilités : 40, 5.438 ; 41, 5.581 ; 42, 5.725.

... ou en navigation. — Hommes de troupe.

MONTANT DE LA PENSION.

GRADES.	26	27	28	29	30	31	32	33	34	35	36	37	38	39	40
Génér. de div.	12.935	13.434	13.931	14.429	14.926	15.523	16.120	16.717	17.314	17.911	18.000 [2]	18.000 [2]	18.000 [2]	18.000 [2]	18.000 [2]
Génér. de brig.	10.391	10.790	11.190	11.584	11.959	12.469	12.948	13.425	13.507	14.386	14.866	15.345	15.825	16.304	16.784
Colonel	8.539	8.867	9.195	9.524	9.852	10.247	10.641	11.035	11.429	11.823	12.217	12.611	13.005	13.399	13.793
Lieut.-colonel	7.227	7.505	7.783	8.061	8.337	8.670	9.003	9.336	9.670	10.004	10.337	10.670	11.003	11.336	11.671
Chef de bat. 2e éch.	6.658	6.914	7.170	7.426	7.683	7.900	8.297	8.604	8.911	9.219	9.526	9.833	10.140	10.448	10.756
Chef de bat. 1er éch.	6.247	6.487	6.727	6.967	7.209	7.407	7.785	8.073	8.361	8.680	8.938	9.226	9.514	9.803	10.092
Capitaine 4e échel.	5.458	5.668	5.878	6.088	6.296	6.548	6.800	7.052	7.304	7.555	7.807	8.059	8.311	8.563	8.814
Capitaine 3e échel.	5.209	5.410	5.610	5.810	6.011	6.254	6.491	6.731	6.972	7.213	7.453	7.693	7.933	8.173	8.415
Capitaine 2e échel.	4.964	5.155	5.346	5.537	5.727	5.956	6.185	6.414	6.643	6.872	7.101	7.330	7.559	7.788	8.018
Capitaine 1er échel.	4.719	4.900	5.081	5.262	5.443	5.660	5.877	6.094	6.312	6.531	6.748	6.975	7.182	7.400	7.620
Lieutenant 4e échel.	4.174	4.334	4.494	4.654	4.818	5.011	5.205	5.398	5.590	5.781	5.974	6.167	6.360	6.553	6.745
Lieutenant 3e éche.	3.928	4.079	4.230	4.381	4.533	4.714	4.895	5.076	5.257	5.439	5.620	5.801	5.982	6.163	6.346
Lieutenant 2e échel.	3.764	3.908	4.052	4.196	4.343	4.516	4.689	4.862	5.033	5.211	5.384	5.557	5.730	5.904	6.080
Sous-lieutenant 2e échelon	3.466	3.600	3.733	3.866	4.000	4.144	4.288	4.432	4.576	4.719	4.843	5.007	5.151	5.295	5.393
Adjudant-chef	3.661	3.779	3.897	4.015	4.133	4.251	4.369	4.487	4.605	4.723	4.841	4.959	5.077	5.195	5.313
Adjudant	3.437	3.548	3.659	3.770	3.880	3.991	4.102	4.213	4.324	4.434	4.545	4.656	4.767	4.878	4.990
Sergent-major	2.790	2.880	2.970	3.060	3.150	3.210	3.336	3.420	3.510	3.600	3.690	3.780	3.870	3.960	4.050
Sergent	2.611	2.695	2.779	2.863	2.948	3.032	3.116	3.200	3.284	3.369	3.453	3.537	3.621	3.705	3.790
Caporal	2.148	2.177	2.205	2.234	2.263	2.291	2.320	2.348	2.377	2.406	2.434	2.463	2.491	2.521	2.550
Soldat	1.940	1.960	1.980	2.000	2.020	2.040	2.060	2.080	2.100	2.120	2.140	2.160	2.180	2.200	2.220
Gendarmerie.															
Chef de brigade H. C.	3.675	3.793	3.911	4.030	4.150	4.268	4.386	4.504	4.622	4.753	4.861	4.980	5.098	5.216	5.336
Chef de brig. 1re cl. ap. 20 a.	3.548	3.662	3.776	3.891	4.006	4.120	4.234	4.348	4.462	4.578	4.692	4.806	4.920	5.032	5.151
Chef de brig. 1re cl. ap. 15 a.	3.537	3.651	3.765	3.879	3.993	4.107	4.221	4.335	4.450	4.564	4.678	4.792	4.906	5.020	5.135
C. de B. 2e cl. ap. 20 a.	3.180	3.282	3.385	3.487	3.591	3.693	3.796	3.898	4.000	4.104	4.206	4.309	4.411	4.514	4.617
C. de B. 2e cl. ap. 15 a.	3.158	3.260	3.362	3.461	3.565	3.667	3.769	3.871	3.973	4.074	4.176	4.278	4.380	4.482	4.585
C. de B. 3e cl. ap. 20 a.	3.002	3.099	3.196	3.293	3.389	3.486	3.583	3.680	3.777	3.873	3.970	4.067	4.164	4.261	4.357
C. de B. 3e cl. ap. 15 a.	2.968	3.063	3.158	3.254	3.351	3.446	3.541	3.636	3.733	3.830	3.925	4.021	4.116	4.213	4.310
C. de B. 4e cl. ap. 20 a.	2.890	2.983	3.076	3.169	3.263	3.356	3.449	3.542	3.635	3.729	3.822	3.915	4.008	4.101	4.195
C. de B. 4e cl. ap. 15 a.	2.857	2.949	3.041	3.133	3.225	3.317	3.409	3.501	3.593	3.685	3.777	3.869	3.961	4.053	4.147
Gendarmes ap. 20 a.	2.690	2.777	2.864	2.950	3.036	3.123	3.210	3.297	3.384	3.470	3.557	3.644	3.731	3.818	3.904
Gendarmes ap. 15 a.	2.655	2.740	2.825	2.911	2.998	3.083	3.168	3.253	3.338	3.426	3.511	3.596	3.681	3.769	3.855

1re cl. 55. — C. B. 2e cl., 50. — C. B. 3e cl., 45. — C B. 4e cl., 40. — Gendarme, 35.

37, 19.105 ; 38, 19.702 ; 39, 20.299 ; 40, 20.896 ; 41, 21.913 ; 42, 22.090.

les hostilités : 40, 5.438 ; 41, 5.581 ; 42, 5.725.

TABLEAU-BARÉME Nº 2 (*suite*).

GRADES.	SOLDE de BASE	MONTANT des annuités. avant 25 ou 30 annuités. Annuité.	Mensualité.	après 25 ou 30 annuités. Annuité.	Mensualité.	MONTANT de la pension. 41	42	42 1/2	INDEMNITÉS EXCEPTIONNELLES supplémentaires pouvant être allouées aux militaires en sus des maxima au titre de la guerre 1914-1919. 43	44	45
Génér. { de div.	29.852	497	41	597	50	(1) 18.000	(1) 18.000	(1) 18.000	22.687	23.284	23.881
{ de brig.	23.978	400	33	480	40	17.264	17.743	17.933	18.223	18.702	19.182
Colonel	19.705	323	27	394	33	14.187	14.581	14.779	14.975	15.369	15.764
Lieut.-colonel	16.674	278	23	333	28	12.004	12.337	12.506	12.671	13.005	13.339
Chef de bat. { 2ᵉ éch.	15.366	256	21	307	25	11.063	11.370	11.525	11.677	11.984	12.292
{ 1ᵉʳ éch.	14.419	240	20	288	24	10.380	10.669	10.814	10.958	11.247	11.535
Capitaine. { 4ᵉ éch.	12.591	210	17	252	21	9.066	9.318	9.443	9.569	9.820	10.072
{ 3ᵉ éch.	12.022	200	17	240	20	8.695	8.895	9.016	9.136	9.377	9.617
{ 2ᵉ éch.	11.454	191	16	229	19	8.247	8.476	8.590	8.705	8.934	9.163
{ 1ᵉʳ éch.	10.885	181	15	217	18	7.837	8.054	8.164	8.272	8.490	8.708
Lieute-nant. { 4ᵉ éch.	9.635	160	13	193	16	6.938	7.131	7.226	7.324	7.516	7.708
{ 3ᵉ éch.	9.066	151	12	181	15	6.527	6.709	6.800	6.890	7.071	7.252
{ 2ᵉ éch.	8.687	144	12	173	14	6.253	6.427	6.515	6.600	6.775	6.949
Sous-lieutenant 2 échelon.	7.191	133	11	144	12	» (1)	» (1)	» (1)	5.869	6.013	6.157
Adjudant-chef	5.904	141	12	118	10	»	»	»	»	»	»
Adjudant	5.744	133	11	111	9	»	»	»	»	»	»
Sergent-major	4.500	103	9	90	8	»	»	»	»	»	»
Sergent	4.212	101	8	84	7	»	»	»	»	»	»
Caporal	»	85	7	29	2	»	»	»	»	»	»
Soldat	»	77	6	20	2	»	»	»	»	»	»
Gendarmerie.											
Chef de brigade H. C.	5.929	142	12	118	10	»	»	»	»	»	»
Chef de brig. 1ʳᵉ cl. { ap. 20 a.	5.724	137	12	114	12	»	»	»	»	»	»
{ ap. 15 a.	5.706	137	12	114	12	»	»	»	»	»	»
C. de B. 2ᵉ cl. { ap. 20 a.	5.130	123	10	102	8	»	»	»	»	»	»
{ ap. 15 a	5.094	122	10	102	8	»	»	»	»	»	»
C. de B. 3ᵉ cl. { ap. 20 a.	4.842	116	10	97	8	»	»	»	»	»	»
{ ap. 15 a.	4.788	115	10	95	8	»	»	»	»	»	»
C. de B. 4ᵉ cl. { ap. 20 a.	4.662	112	9	93	8	»	»	»	»	»	»
{ ap. 15 a	4.608	111	9	92	8	»	»	»	»	»	»
Gen-dar-mes. { ap. 20 a.	4.338	104	9	87	7	»	»	»	»	»	»
{ ap. 15 a.	4.284	103	9	85	7	»	»	»	»	»	»

(1) Pour les officiers généraux ayant servi pendant les hostilités : 36, 18.508 ; 37, 19.105 ; 38, 19.702 ; 39. 20.294 ; 40, 20.896 ; 41, 21.943 ; 42, 22.090.
Pour les sous-lieutenants ayant servi pendant les hostilités : 40, 5.438 ; 41, 5.581 ; 42, 5.725.

TABLEAU-BARÈME N° 3.

Officiers ayant accompli au moins 6 ans [...]rs d'Europe ou en navigation.

(Ce tableau ne s'applique pas aux officiers de l'armée [m]étropolitaine en retraite au 15 avril 1924.)

MONTANT DE LA PENSION.

GRADES	SOLDE de BASE	MONTANT DES ANNUITÉS — avant 25 ans de service (Annuité)	(Mensualité)	après 25 ans de service (Annuité)	(Mensualité)	15	16	17	18	19	20	21
Général de div	29.852	597	50	597	50	8.955	9.552	10.149	10.766	11.343	11.940	12.537
Général de brig	23.978	480	40	480	40	7.193	7.673	8.152	8.632	9.111	9.591	10.071
Colonel	19.705	394	33	394	33	5.911	6.305	6.699	7.093	7.487	7.882	8.276
Lieutenant-Colonel	16.674	333	28	333	28	5.002	5.335	5.669	6.002	6.336	6.669	7.002
Chef de bat. 2e échel	15.366	307	25	307	25	4.609	4.916	5.224	5.531	5.838	6.146	6.453
Chef de bat. 1er échel	14.419	288	24	288	24	4.325	4.613	4.902	5.190	5.479	5.767	6.055
Capitaine 4e échel	12.591	251	21	251	21	3.777	4.023	4.280	4.531	4.783	5.036	5.287
Capitaine 3e échel	12.022	240	20	240	20	3.606	3.846	4.087	4.327	4.568	4.808	5.048
Capitaine 2e échel	11.454	229	19	229	19	3.436	3.665	3.894	4.124	4.353	4.581	4.810
Capitaine 1er échel	10.885	217	18	217	18	2.265	3.482	3.700	3.918	4.136	4.354	4.571
Lieutenant 4e échel	9.635	193	16	193	16	2.890	3.063	3.276	3.469	3.662	3.854	4.047
Lieutenant 3e échel	9.066	181	15	181	15	2.719	2.900	3.081	3.262	3.444	3.626	3.807
Lieutenant 2e échel	8.687	173	14	173	14	2.606	2.780	2.953	3.126	3.300	3.474	3.647
Sous-lieutenant 2e échelon	7.191	160	13	144	12	2.400	2.560	2.720	2.880	3.040	3.200	3.360

GRADES	22	23	24	25	26	27	28	29	30	31	32	33	34	35
Général de div	13.134	13.731	14.328	14.925	15.523	16.120	16.717	17.314	17.911	18.000 (1)	18.000 (1)	18.000 (1)	18.000 (1)	18.000 (1)
Général de brig	10.550	11.030	11.509	11.989	12.463	12.948	13.428	13.907	14.386	14.865	15.345	15.825	16.304	16.754
Colonel	8.670	9.064	9.458	9.853	10.247	10.641	11.035	11.429	11.823	12.217	12.611	13.005	13.399	13.793
Lieutenant-Colonel	7.336	7.669	8.003	8.337	8.670	9.003	9.336	9.670	10.004	10.337	10.670	11.003	11.336	11.671
Chef de bat. 2e échel	6.761	7.068	7.376	7.683	7.990	8.297	8.604	8.911	9.219	9.526	9.833	10.140	10.448	10.756
Chef de bat. 1er échel	6.344	6.632	6.921	7.209	7.497	7.785	8.073	8.361	8.649	8.938	9.226	9.514	9.803	10.092
Capitaine 4e échel	5.539	5.791	6.043	6.295	6.548	6.800	7.052	7.304	7.555	7.807	8.059	8.311	8.563	8.814
Capitaine 3e échel	5.288	5.529	5.770	6.011	6.251	6.491	6.731	6.972	7.213	7.450	7.643	7.933	8.173	8.415
Capitaine 2e échel	5.039	5.268	5.497	5.727	5.956	6.185	6.414	6.643	6.872	7.101	7.330	7.559	7.788	8.016
Capitaine 1er échel	4.789	5.007	5.225	5.443	5.660	5.877	6.094	6.312	6.531	6.748	6.975	7.182	7.480	7.620
Lieutenant 4e échel	4.240	4.433	4.626	4.818	5.011	5.205	5.398	5.590	5.781	5.974	6.167	6.360	6.553	6.745
Lieutenant 3e échel	3.989	4.170	4.352	4.533	4.714	4.895	5.076	5.257	5.439	5.620	5.801	5.982	6.163	6.346
Lieutenant 2e échel	3.824	3.934	4.168	4.343	4.516	4.689	4.862	5.033	5.211	5.384	5.557	5.730	5.904	6.030
Sous-lieutenant 2e échelon	3.520	3.680	3.840	4.000	4.144	4.288	4.432	4.576	4.719	4.843	5.007	5.151	5.295	5.393

(1) Pour les officiers généraux ayant servi pendant les hostilités : 31, 18.508 ; 32, 19.105 ; 33, 19.702 ; 34, 20.299 ; 35, 20.896 ; 36, 21.943 ; 37, 22.090.
Pour les sous lieutenants ayant servi pendant les hostilités : 35, 5.438 ; 36, 5.581 ; 37, 5.725.

TABLEAU-BARÈME N° 3 (*suite*).

GRADES.	SOL-DES de BASE.	MONTANT DES ANNUITÉS. avant 25 ans de service.		après 25 ans de service.		MONTANT DE LA PENSION.			ANNUITÉS EXCEPTIONNELLES supplémentaires pouvant être allouées aux militaires en sus des maxima, au titre de la guerre de 1914-1919		
		Annuité.	Mensualité.	Annuité.	Mensualité.	36	37	37 1/2	38	39	40
Général { de div....	29.852	597	50	597	50	(1) 18.000	(1) 18.000	(1) 18.000	22.687	23.284	23 881
Général { de brig...	23.978	480	40	480	40	17.264	17.743	17.983	18.223	18.702	19.182
Colonel	19.705	394	33	394	33	14.187	14.581	14.779	14.975	15.369	15.764
Lieutenant-Colonel..	16.674	333	28	333	28	12.004	12.337	12.506	12.671	13.005	13.339
Chef de bat. { 2ᵉ échel..	15.366	307	25	307	25	11.063	11.370	11.525	11.677	11.984	12.292
Chef de bat. { 1ᵉʳ échel..	14.419	288	24	288	24	10.380	10.669	10.814	10.958	11.247	11.535
Capitaine. { 4ᵉ échel..	12.591	251	21	251	21	9.066	9.318	9.443	9.569	9.820	10.072
Capitaine. { 3ᵉ échel..	12.022	240	20	240	20	8.655	8.895	9.016	9.136	9.377	9.617
Capitaine. { 2ᵉ échel..	11.454	229	19	229	19	8.247	8.476	8.590	8.705	8.934	9.163
Capitaine. { 1ᵉʳ échel..	10.885	217	18	217	18	7.837	8.054	8.164	8.272	8.490	8.708
Lieu-tenant. { 4ᵉ échel..	9.635	193	16	193	16	6.938	7.131	7.226	7.324	7.516	7.708
Lieu-tenant. { 3ᵉ échel...	9.066	181	15	181	15	6.527	6.709	6.800	6.890	7.071	7.252
Lieu-tenant. { 2ᵉ échel...	8.687	173	14	173	14	6.253	6.427	6.515	6.600	6.775	6.949
Sous-Lieutenant 2ᵉ échelon	7.191	160	13	144	12		(1)	(1)	5.849	6 013	6 157

(1) Pour les officiers généraux ayant servi pendant les hostilités : 31, 18.508 ; 32, 19.105 ; 33, 19.702 ; 34, 20.299 ; 35, 20.896 ; 36, 21.943 ; 37, 22.090.

Pour les sous-lieutenants ayant servi pendant les hostilités : 35, 5.438 ; 36, 5.581 ; 37, 5.725.

TABLEAU-BARÈME Nº 4.

Majorations spéciales à l'arme de la gendarmerie acquises après 25 ans de services effectifs pour les années comprises entre 15 et 30 ans de services. (Loi du 14 avril 1924, article 41.)

Gendarme

| ANNÉES | | MONTANT des MAJORATIONS. | DOUZIEMES. | | | | | | | | | | |
de SERVICES effectifs.	DONNANT droit aux majorations.		1	2	3	4	5	6	7	8	9	10	11
25	10	350 »	352,91	355,82	358,75	361,66	364,57	367,50	370,41	373,32	376,25	379,11	382,07
26	11	385 »	387,91	390,82	393,75	396,66	399,57	402,50	405,41	408,32	411,25	414,11	417,07
27	12	420 »	422,91	425,82	428.75	431,66	434,57	437,50	440.41	443,32	446,25	449,11	452,07
28	13	455 »	457,91	460,82	463,75	466,66	469,57	472,50	475,41	478,32	481,25	484,11	487,07
29	14	490 »	492.91	495.82	498,75	501,66	504,57	507,50	510,41	513,32	516,25	519,11	522,07
30	15	525 » Maximum.	»	»	»	»	»	»	»	»	»	»	»

Chef de brigade de 4ᵉ classe.

| ANNÉES | | MONTANT | DOUZIÈMES. | | | | | | | | | | |
de SERVICES effectifs.	DONNANT droit aux majorations.	des MAJORATIONS.	1	2	3	4	5	6	7	8	9	10	11
25	10	400 »	403,33	406 66	410,00	413,33	416,66	420,00	423,33	426.66	430,00	433,33	436,66
26	11	440 »	443,33	446,66	450,00	453,33	456.66	460,00	463,33	466,66	470,00	473,33	476,66
27	12	480 »	483,33	486,36	490,00	493.33	496,66	500,00	503,33	506 66	510,00	513,33	516.66
28	13	520 »	523,33	526,66	530,00	533,33	536,66	540,00	543,33	546,66	550,00	553,33	556,66
29	14	560 »	563.33	566,66	570.00	573,33	576,66	580 00	583,33	586,66	590,00	593,33	598,66
30	15	600 » Maximum.	»	»	»	»	»	»	»	»	»	»	»

Chef de brigade de 3ᵉ classe.

| ANNÉES | | MONTANT | DOUZIÈMES. | | | | | | | | | | |
de SERVICES effectifs.	DONNANT droit aux majorations.	des MAJORATIONS.	1	2	3	4	5	6	7	8	9	10	11
25	10	450,00	453,75	457,50	461,25	465,00	468,75	472,50	476,25	480,00	483,75	487,50	491,25
26	11	495,00	498,75	502,50	506,25	510,00	513,75	517,50	521,25	525,00	528,75	532,50	536,25
27	12	540,00	543,75	547,50	551,25	555,00	558,75	562,50	566,25	570,00	573,75	577 50	581,25
28	13	585,00	588,75	592,50	596,25	600,00	603,75	607,50	611,25	615,00	618,75	622,50	626,25
29	14	630,00	633,75	637,50	641,25	645,00	648,75	652,50	656,25	660,00	663,75	667,50	671,25
30	15	675,00 Maximun.	»	»	»	»	»	»	»	»	»	»	»

Chef de brigade de 2ᵉ classe.

ANNÉES		MONTANT	DOUZIÈMES.										
de SERVICES effectifs.	DONNANT droit aux majorations	des MAJORATIONS.	1	2	3	4	5	6	7	8	9	10	11
25	10	500,00	504,16	508,32	512,48	516,64	520,80	524,96	529,12	533,28	537,44	541,60	545,76
26	11	550,00	554 16	558,32	562,48	566,64	570 80	574,96	579,12	588,28	587,44	591,60	595,76
27	12	600,00	604,16	608,32	612,48	616,64	620,80	624,96	629,12	633,28	637,44	641,60	645,76
28	13	650,00	654,16	658,32	662,48	666,64	670,80	674 96	679,12	683,28	687,44	691,60	695,76
29	14	700,00	704,16	708,32	712,48	716,64	720,80	724,96	729.12	733,28	737,44	741,60	745,76
30	15	750,00 Maximum.	»	»	»	»	»	»	»	»	»	»	»

Chefs de brigade hors classe et de 1ʳᵉ classe.

ANNÉES		MONTANT	DOUZIÈMES.										
de SERVICES effectifs.	DONNANT droit aux majorations.	des MAJORATIONS.	1	2	3	4	5	6	7	8	9	10	11
25	10	530 00	554,50	559,01	563,52	568,03	572,54	577,04	581,56	586,06	590,57	595,08	599 59
26	11	605,00	609,50	614,01	618,52	623.03	627,54	632,04	636,56	641,06	645 57	650,08	654,59
27	12	660,00	664.50	669,01	673,52	678,03	682,54	687,04	691,56	696,06	700,57	705,08	709,59
28	13	715,00	719,50	724,01	728,52	733,03	737,54	742,04	746 56	751,06	755,57	760.08	764,59
29	14	770,00	774,50	779,01	783,52	788,03	792,54	797·04	801,56	806,06	810,57	815,08	819,59
30	15	825,00 Maximum.	»	»	»	»	»	»	»	»	»	»	»

TABLEAU 5.

Indemnités pour charges de famille.

Lorsque, à la cessation de l'activité, le bénéficiaire d'une pension d'invalidité ou d'ancienneté aura des enfants de moins de 16 ans, sa pension sera majorée des indemnités pour charges de famille dont il bénéficiait pendant l'activité (art. 2).

Les taux de ces indemnités sont les suivants :

Pour chacun des deux premiers enfants :

Indemnité principale.	330
Majoration temporaire de 50 p. 100.	165
Total par an.	495

Pour chacun des suivants, à partir du troisième :

Indemnité principale.	480
Majoration temporaire de 50 p. 100.	240
Supplément temporaire.	120
Total par an.	840

TA

indiquant le taux des pensions d'invalidité de la loi

ARMÉES DE TERRE ET

GRADES.		10 p. 100.	15 p. 100.	20 p. 100.	25 p. 100.	30 p. 100.	35 p. 100.
		fr.	fr.	fr.	fr.	fr.	fr.
Général de division...	Vice-amiral	1.260	1.890	2 520	3.150	3.780	4.410
Général de brigade ...	Contre-amiral	1.020	1.530	2.040	2.550	3.060	3.570
Colonel	Capitaine de vaisseau.	840	1.260	1.680	2.100	2.520	2.940
Lieutenant-colonel ...	Capitaine de frégate..	680	1.020	1.360	1.700	2.040	2.380
Chef de batail.	Capit. de corvette.. 2ᵉ échel.	625	938	1.250	1.563	1.875	2.188
	1ᵉʳ échel.	575	863	1.150	1.438	1.725	2.013
Capitaine.....	Lieut. de vaisseau. 4ᵉ échel.	515	773	1.030	1.288	1.545	1.803
	3ᵉ échel.	490	735	980	1.225	1.470	1.715
	2ᵉ échel.	465	698	930	1.163	1.395	1.628
	1ᵉʳ échel.	440	660	880	1.100	1.320	1.540
Lieutenant...	Enseigne de vaisseau de 1ʳᵉ classe. 4ᵉ échel.	420	630	840	1.050	1.260	1.470
	3ᵉ échel.	400	600	800	1.000	1.200	1.400
	2ᵉ échel.	385	578	770	963	1.155	1.348
	1ᵉʳ échel.	365	548	730	913	1.095	1.278
Sous-lieuten..	Enseigne de vaisseau de 2ᵉ classe. 2ᵉ échel.	360	540	720	900	1.080	1.260
	1ᵉʳ échel.	300	450	600	750	900	1.050
	Aspirant de marine.........	280	420	560	700	840	980

BLEAU 6

du 31 mars 1919, d'après le grade des intéressés.

DE MER. — OFFICIERS.

TAUX D'INVALIDITÉ

40 p. 100.	45 p. 100.	50 p. 100.	55 p. 100.	60 p. 100.	65 p. 100.	70 p. 100.	75 p. 100.	80 p. 100.	85 p. 100.	90 p. 100.	95 p. 100.	100 p. 100.
fr.	fr.	fr.	fr.	fr.	fr.	fr.	fr.	fr.	fr.	fr.	fr.	fr.
5.040	5.670	6 300	6.930	7.560	8.190	8.820	9.450	10.080	10.710	11.340	11.970	12.600
4.080	4.590	5.100	5.610	6.120	6.630	7.140	7.650	8.160	8.670	9.180	9.690	10.200
3.360	3.780	4.200	4.620	5.040	5.460	5.880	6.300	6.720	7.140	7.560	7.980	8.400
2.720	3.060	3.400	3.740	4.080	4.420	4.760	5.100	5.440	5.880	6.120	6.460	6.800
2.500	2.813	3.125	3.438	3.750	4.063	4.375	4.688	5.000	5.313	5.625	5.938	6.250
2.300	2.588	2.875	3.163	3.456	3.738	4.025	4.313	4.600	4.888	5.175	5.463	5.750
2.060	2.318	2.575	2.833	3.090	3.348	3.605	3.863	4.120	4.378	4.635	4.893	5.150
1.960	2.205	2.450	2.695	2.940	3.185	3.430	3.675	3.920	4.165	4.410	4.655	4.900
1.860	2.093	2.325	2.558	2.790	3.023	3.255	3.488	3.720	3 953	4.185	4.418	4.650
1.760	1.980	2.200	2.420	2.640	2.860	3.080	3.300	3.520	3.740	3.960	4.180	4.400
1.680	1.890	2.100	2.310	2.520	2.730	2 940	3.150	3.360	3.570	3.780	3.990	4.200
1.600	1.800	2.000	2.200	2.400	2.600	2 800	3.000	3.200	3.400	3.600	3.800	4.000
1.540	1.733	1.925	2.118	2.310	2.503	2.695	2.888	3.080	3.273	3.465	3.658	3.850
1.460	1.643	1.825	2.008	2.190	2.373	2.555	2.738	2 920	3.103	3.285	3.468	3.650
1.440	1.620	1.800	1.980	2.160	2.340	2.520	2 700	2.880	3.060	3.240	3.420	3.600
1.200	1.350	1.500	1.650	1.800	1.950	2.100	2.250	2.400	2.550	2.700	2.850	3.000
1.120	1.260	1.400	1.540	1.680	1.820	1.960	2.100	2.240	2.380	2.520	2.660	2.800

Armée de terre. — Sous-officiers et soldats.

GRADES.	TAUX D'INVALIDITÉ.																		
	10 p. 100.	15 p. 100.	20 p. 100.	25 p. 100.	30 p. 100.	35 p. 100.	40 p. 100.	45 p. 100.	50 p. 100.	55 p. 100.	60 p. 100.	65 p. 100.	70 p. 100.	75 p. 100.	80 p. 100.	85 p. 100	90 p. 100	95 p. 100	100 p. 100
	fr.	fr.	fr.	fr.	fr.	fr.	fr.	fr.	fr.	fr.	fr.	fr.	fr.	fr.	fr.	fr.	fr.	fr.	fr.
Adjudant-chef.....	260	390	520	650	780	910	1.040	1.170	1.300	1.430	1.560	1.690	1 820	1.950	2.080	2.210	2.340	2.470	2.600
Adjudant........ .	255	383	510	638	765	893	1.020	1.148	1.275	1.403	1.530	1.658	1.785	1.913	2.040	2.168	2.295	2.423	2.550
Aspirant..........	252	378	504	630	756	882	1.008	1.134	1.260	1.386	1.512	1.638	1.764	1.890	2.016	2.142	2.268	2.394	2.520
Sergent-major.....	249	374	498	623	747	872	996	1.121	1.245	1.370	1.494	1.619	1.743	1.868	1.992	2.117	2.241	2.366	2.490
Sergent.,.,......	246	369	492	615	738	861	984	1.107	1.230	1.353	1.476	1.599	1.722	1.845	1.968	2.091	2.214	2.337	2.460
Caporal...........	243	365	486	608	729	851	972	1.094	1.215	1.337	1.458	1.580	1.701	1 823	1.944	2.066	2.187	2.309	2.430
Soldat........... .	240	360	480	600	720	840	960	1.080	1.200	1.320	1.440	1.560	1.680	1.800	1.920	2.040	2.160	2.280	2.400

Armée de mer. — Officiers mariniers, quartiers-maîtres et marins.

GRADES.	TAUX D'INVALIDITÉ.																		
	10 p. 100.	15 p. 100	20 p. 100.	25 p. 100.	30 p. 100.	35 p. 100.	40 p. 100.	45 p. 100.	50 p. 100.	55 p. 100.	60 p. 100.	65 p. 100.	70 p. 100.	75 p. 100.	80 p. 100.	85 p. 100	90 p. 100	95 p. 100	100 p. 100
	fr.	fr.	fr.	fr.	fr.	fr.	fr.	fr.	fr.	fr.	fr.	fr.	fr.	fr.	fr.	fr.	fr.	fr.	fr.
Maître principal. ..	348	521	695	869	1.043	1.216	1.390	1.564	1.738	1.911	2 085	2.259	2.433	2.606	2.780	2 954	3.128	3.301	3.475
Premier maître....	289	434	578	723	867	1 012	1.156	1.301	1.445	1.590	1.734	1.879	2.023	2.168	2.312	2.457	2.601	2.746	2.890
Maître	276	414	552	690	828	966	1.104	1.242	1.380	1.518	1.656	1.794	1.932	2.070	2.208	2.346	2.484	2.622	2.760
Second maître.... .	260	390	520	650	780	910	1.040	1.170	1.300	1.430	1.560	1.690	1.820	1.950	2.080	2.210	2.340	2.470	2.600
Quartier maître. ..	243	365	486	608	729	851	972	1.094	1.215	1.337	1.458	1.580	1.701	1.823	1.944	2.066	2.187	2.309	2.430
Matelot.......... .	240	360	480	600	720	840	960	1.080	1.200	1.320	1.440	1.560	1.680	1.800	1.920	2.040	2.100	2.280	2.400

Nota — Les majorations pour enfants sont du même taux que celles indiquées pour les officiers.

TABLEAU 7.

Majorations pour enfants accordées annuellement en sus des pensions d'invalidité.

Ces majorations sont exclusives des indemnités pour charges de famille; si ces dernières sont supérieures, elles sont seules accordées.

Pour cent d'invalidité.	Allocation.	Pour cent d'invalidité.	Allocation.
	fr.		fr.
10	30	55	165
15	45	60	180
20	60	65	195
25	75	70	210
30	90	75	225
35	105	80	240
40	120	85	255
45	135	90	270
50	150	95	285
		100	300

TABLEAU 8.

Veuves.

**Tableau indiquant les taux des pensions de veuves
ou d'orphelins en exécution de la loi du 31 mars 1919.**

Armées de terre et de mer. — Officiers.

GRADES.		TAUX exceptionnel.	TAUX normal.	TAUX de reversion.
		fr.	fr.	fr.
Général de division	Vice-amiral	5.250	3.500	3.500
Général de brigade	Contre-amiral	4.400	3.000	2.850
Colonel	Capitaine de vaisseau	3.500	2.500	2.350
Lieutenant-colonel	Capitaine de frégate	3.000	2.000	1.850
Chef de bataillon. 2ᵉ échelon.	Capitaine de corvette	2.700	1.850	1.650
Chef de bataillon. 1ᵉʳ échelon.	Capitaine de corvette	2.500	1.750	1.550
Capitaine. 4ᵉ échelon.	Lieutenant de vaisseau	2.400	1.700	1.425
Capitaine. 3ᵉ échelon.	Lieutenant de vaisseau	2.300	1.650	1.375
Capitaine. 2ᵉ échelon.	Lieutenant de vaisseau	2.200	1.600	1.325
Capitaine. 1ᵉʳ échelon.	Lieutenant de vaisseau	2.100	1.550	1.275
Lieutenant. 4ᵉ échelon.	Enseigne de vaisseau de 1ʳᵉ cl.	2.000	1.500	1.250
Lieutenant. 3ᵉ échelon.	Enseigne de vaisseau de 1ʳᵉ cl.	1.900	1.450	1.200
Lieutenant. 2ᵉ échelon.	Enseigne de vaisseau de 1ʳᵉ cl.	1.800	1.400	1.150
Lieutenant. 1ᵉʳ échelon.	Enseigne de vaisseau de 1ʳᵉ cl.	1.700	1.350	1.100
Sous-lieutenant. 2ᵉ échelon.		1.600	1.250	1.050
Sous-lieutenant. 1ᵉʳ échelon.	Enseigne de vaisseau de 2ᵉ cl.	1.500	1.200	975
Aspirant de marine		1.500	1.200	975

Officiers des équipages de la flotte.

GRADES.		TAUX exceptionnel.	TAUX normal.	TAUX de réversion.
		fr.	fr.	fr.
Officier principal des équipages de la flotte.	2ᵉ échelon...	2.700	1.850	1.650
Officier principal des équipages de la flotte.	1ᵉʳ échelon..	2.500	1.750	1.550
Officier de 1ʳᵉ classe des équipages de la flotte		2.300	1.650	1.375
Officier de 2ᵉ classe des équipages de la flotte		2.200	1.600	1.325
Officier de 3ᵉ classe des équipages de la flotte		2.000	1.500	1.250
Officier de 4ᵉ classe des équipages de la flotte		1.600	1.250	1.050

NOTA. — Les majorations pour enfants sont uniformément de 300 francs
chacune.

Armée de terre. — Sous-officiers et soldats.

GRADES.	TAUX exceptionnel.	TAUX normal.	TAUX de réversion.
	fr.	fr.	fr.
Adjudant-chef..	1.400	1.150	950
Adjudant..	1.300	1.100	900
Aspirant..	1.250	1.075	850
Sergent-major...	1.200	1.050	800
Sergent...	1.100	950	700
Caporal	900	875	600
Soldat..	800	800	500

Armée de mer. — Officiers mariniers, quartiers-maîtres et matelots.

GRADES.	TAUX exceptionnel.	TAUX normal.	TAUX de réversion.
	fr.	fr.	fr.
Maître principal..	1.650	1.300	1.075
Premier maître..	1.600	1.250	1.050
Maître..	1.500	1.200	975
Second maître...	1.450	1.100	950
Quartier-maître...	900	875	600
Matelot...	800	800	500

NOTA. — Les majorations pour enfants sont uniformément de 500 francs chacune.

———

LOI DU 14 AVRIL 1924 PORTANT RÉFORME

DU

Régime des Pensions civiles et des Pensions militaires

Le Sénat et la Chambre des députés ont adopté;

Le Président de la République promulgue la loi dont la teneur suit :

DISPOSITIONS GÉNÉRALES.

Article 1er. Les dispositions de la présente loi s'appliquent aux fonctionnaires civils et aux employés appartenant au cadre permanent de l'administration ou des établissements de l'Etat, aux militaires et marins de tous grades des armées de terre et de mer, au personnel civil admis au bénéfice de la législation des pensions militaires, ainsi qu'à leurs veuves et leurs orphelins.

Article 2. La pension civile ou militaire est basée sur la moyenne des traitements, soldes et émoluments de toute nature, soumis à retenue dont l'ayant droit a joui pendant les trois dernières années d'activité.

Le minimum de la pension allouée à titre d'ancienneté de services est, en principe, fixé à la moitié du traitement moyen ou de la solde moyenne. Toutefois, il est élevé aux 3/5es, sans pouvoir excéder 4.000 francs, lorsque le traitement moyen ou la solde moyenne ne dépassent pas 8.000 francs.

Le minimum de la pension est accru, au delà de la durée des services exigée pour obtenir droit à pension, à raison :

De 1/60e des émoluments moyens pour chaque année de services civils rendus dans la partie sédentaire;

De 1/50e des émoluments moyens pour chaque année de services rendus dans la partie active ou dans les armées de terre et de mer.

La pension, telle qu'elle est déterminée par l'application des dispositions ci-dessus, est majorée de 10 p. 100 pour tous titulaires ayant élevé trois enfants jusqu'à l'âge de 16 ans. Si le nombre des enfants élevés jusqu'à l'âge de 16 ans est supérieur à trois, des majorations supplémentaires de 5 p. 100 sont ajoutées pour chaque enfant au delà du troisième. Cette majoration ne se cumule pas avec l'indemnité pour charges de famille.

Lorsque, à la cessation de l'activité, le bénéficiaire d'une pension d'ancienneté ou d'invalidité de la présente loi aura des enfants âgés de moins de 16 ans, sa pension sera majorée des indemnités pour charges de famille dont il bénéficiait pendant l'activité.

Sous réserve des dispositions des articles 34 et 80, le montant des pensions civiles et militaires ne peut dépasser les trois quarts du traitement moyen ou de la solde moyenne, ni excéder 18.000 francs.

Article 3. Les bénéficiaires de la présente loi supportent une retenue de 6 p. 100 sur les sommes payées à titre de traitement fixe ou éventuel, de soldes et accessoires de solde, de préciput, de suppléments de traitement ou de solde, de remises proportionnelles, de commissions ou constituant un émolument personnel faisant corps avec le traitement ou la solde.

A cette retenue s'ajoutent, le cas échéant, celles qui sont prélevées pour cause de congé, d'absence ou par mesure disciplinaire.

Article 4. Les suppléments de traitements et indemnités prévus ou visés par l'article 57 de la loi du 30 avril 1921, par l'article 70 de la même loi, sous réserve des indemnités non soumises à retenue, énumérées à l'article 66 de ladite loi, par la loi du 16 juillet 1921, par l'article 117 de la loi du 31 décembre 1921, par la loi du 30 novembre 1922 et par la loi du 30 juin 1923, et, de façon générale, les indemnités constituant des suppléments de traitement, à l'exclusion des indemnités spéciales ou représentatives de dépenses, entrent en compte dans le calcul de la pension et sont soumises à la retenue de 6 p. 100.

Les fonctionnaires ayant bénéficié des suppléments de traitement visés à l'alinéa précédent devront verser rétroactivement, s'il y a lieu, la retenue de 6 p. 100 sur les suppléments de traitement qui entreront en compte dans le calcul de leur traitement moyen des trois dernières années.

Le montant de ces retenues sera précompté sur les arrérages de leur retraite sans que ce prélèvement puisse réduire ces arrérages de plus d'un cinquième.

Article 5. Jusqu'à revision générale des traitements, soldes et indemnités de toutes natures, prévues par l'article 39 de la loi du 30 avril 1921, les retenues sur la solde des militaires et marins demeurent fixées par la législation en vigueur.

Jusqu'à cette même date, leur pension sera calculée en tenant compte de la solde métropolitaine de présence à terre proprement dite, augmentée des indemnités temporaires de solde et de l'indemnité pour charges militaires au taux le plus réduit dans chaque grade.

Pour le calcul de la pension, la solde de base des officiers mariniers du corps des équipages de la flotte sera augmentée d'une allocation forfaitaire de vivres fixée à 1 fr. 50 par jour.

Article 6. Pour les agents rétribués par des remises ou salaires variables, un règlement d'administration publique déterminera la quotité du traitement sur laquelle devront porter les retenues.

Les fonctionnaires de l'enseignement, y compris les professeurs de collèges communaux, subissent les retenues sur les traitements déterminés par les lois et les décrets organiques, à l'exclusion des subventions obligatoires ou facultatives des départements et des communes.

Article 7. Les retenues légalement perçues ne peuvent être répétées. Celles qui ont été irrégulièrement prélevées n'ouvrent aucun droit à pension. Dans ce cas, le remboursement sans intérêt peut en être réclamé par les ayants droit.

TITRE PREMIER.

FONCTIONNAIRES ET EMPLOYÉS CIVILS.

CHAPITRE PREMIER.

Pensions d'ancienneté.

Article 8. Le droit à pension d'ancienneté est acquis à 60 ans d'âge et trente ans accomplis de service effectif.

Il suffit de 55 ans d'âge et de vingt-cinq ans de services pour les fonctionnaires ou employés qui ont passé quinze ans dans la partie active.

Les limites d'âge sont fixées, suivant les services et les catégories d'emploi, par des règlements d'administration publique.

Est dispensé de la condition d'âge, établie aux premiers paragraphes du présent article, le titulaire qui est reconnu par le Ministre, après avis du médecin assermenté, hors d'état de continuer ses fonctions.

Article 9. Les services civils rendus hors d'Europe par les bénéficiaires de la présente loi sont comptés pour un tiers en sus de leur durée effective. Ils sont comptés seulement pour un quart dans les services sédentaires rendus dans les territoires civils de l'Afrique du Nord.

L'âge exigé par l'article 8 pour avoir droit à une pension d'ancienneté est réduit d'un an pour chaque période de trois ans de services sédentaires ou de deux ans de services actifs accomplis hors d'Europe.

Article 10. Les services civils y compris les services auxiliaires, temporaires ou d'aide accomplis dans les différents établissements ou administrations de l'Etat, ne sont comptés qu'à partir de l'âge de 18 ans, sous réserve du versement rétroactif, lors de l'admission définitive dans les cadres, des retenues légales calculées sur le traitement initial de fonctionnaire titulaire.

L'article 85 de la loi du 8 avril 1910 est applicable au temps de surnumérariat ou de stage accompli après l'âge de 18 ans.

Pourront faire état, pour la retraite, des services visés aux précédents paragraphes, les fonctionnaires titulaires en exercice lors de la promulgation de la présente loi.

Article 11. Les fonctionnaires et employés civils sont admis à la retraite sur leur demande ou peuvent y être admis d'office.

La demande de mise à la retraite doit faire l'objet d'un préavis de six mois de la part de l'intéressé.

Article 12. Les services militaires accomplis dans les armées de terre et de mer concourent avec les services civils pour la détermination du droit à pension. Ils sont comptés pour leur durée effective.

Article 13. Les services militaires qui n'ont donné lieu ni à pension, ni à solde de réforme sont liquidés, soit comme services militaires, d'après le taux qui leur serait applicable au moment de la cessation desdits services, soit comme services civils actifs, suivant que l'une ou l'autre de ces liquidations est plus favorable au fonctionnaire.

Les services militaires qui ont déjà été rémunérés soit par une pension de retraite, soit par une pension ou solde de réforme, n'entrent pas dans le calcul de la liquidation. Toutefois, pour les retraités militaires terminant leur carrière dans un emploi civil, si la liquidation civile du temps de service obligatoire donne un produit supérieur à la liquidation militaire de cette période, la pension civile sera majorée de la différence entre la liquidation civile et la liquidation militaire.

Article 14. Les bénéfices de campagne, supputés comme il est dit aux articles 36 et 37 ci-après, sont attribués aux fonctionnaires et employés civils, anciens combattants, qui peuvent y prétendre, lorsqu'ils réunissent les conditions voulues pour l'admission à la retraite.

Il en est de même des services aériens exécutés par le personnel civil, donnant droit à des bonifications, telles qu'elles sont déterminées par l'article 37 ci-après, relatif au personnel militaire ou marin. Ces services conféreront, d'autre part, pour chaque période de deux années de services aériens, une réduction d'une année de l'âge minimum de la retraite.

Les bénéfices de campagne sont liquidés sur la base d'un cinquantième du traitement moyen.

Article 15. Les fonctionnaires et employés civils qui, détachés dans les conditions prévues à l'article 33 de la loi du 30 décembre 1913, sans cesser d'appartenir au cadre permanent d'une administration publique et en conservant leurs droits à l'avancement hiérarchique, sont rétribués en tout ou en partie sur les fonds des départements, des communes, des colonies, d'établissements publics ou privés, des gouvernements étrangers, continuent dans cette position d'acquérir des droits à pension.

Ces agents doivent, toutefois, supporter les retenues prévues par la présente loi sur le traitement d'activité afférent à leur grade et à leur classe dans le service dont ils sont détachés.

Dans ce cas, la pension est calculée sur la moyenne des traitements et émoluments dont le fonctionnaire aurait joui pendant les trois dernières années s'il eût été rétribué directement par l'Etat.

Article 16. Est compté comme service effectif, dans la limite maxima de cinq ans, pour les droits à la retraite et dans les conditions prévues par les lois et décrets en Conseil d'Etat, le temps passé dans la position de disponibilité ou de non-activité pour les fonctionnaires et employés civils, sous réserve que lesdits fonctionnaires subissent pendant ce temps, sur leur dernier traitement d'activité, les retenues prescrites par la présente loi.

Article 17. Les fonctionnaires et employés qui, en dehors du cas d'invalidité, viennent à quitter le service pour quelque cause que ce soit, avant de pouvoir obtenir leur admission à la retraite ont droit, dans les conditions fixées ci-après, au remboursement de la retenue subie d'une manière effective sur leur traitement.

Le produit de cette retenue, majoré de ses intérêts calculés au taux bonifié à ses déposants par la Caisse d'épargne et de prévoyance de Paris à l'époque du départ, est transféré à la Caisse nationale d'assurance en cas de décès pour servir à la constitution, au profit du fonctionnaire et de l'employé, d'une assurance de capital différé dont l'échéance est fixée au plus tôt à l'expiration d'un délai de cinq ans à dater du départ de l'intéressé.

Ce transfert peut, au choix du bénéficiaire, être effectué à capital aliéné ou à capital réservé et suivant les modalités prévues par la législation de la Caisse nationale d'assurance en cas de décès.

Les femmes fonctionnaires ou employées, mères de trois enfants vivants, quittant leurs fonctions sans avoir droit à pension, peuvent demander le remboursement immédiat de leurs retenues bonifiées de leurs intérêts.

Les femmes fonctionnaires et employées, mariées ou mères de famille, qui auront accompli quinze années, au moins, de services effectifs, ont droit à une pension de retraite calculée, pour chaque année de service, à raison d'un soixantième ou d'un cinquantième du traitement moyen prévu à l'article 2.

La jouissance de cette pension sera différée jusqu'à l'époque où les intéressées auraient acquis le droit à pension d'ancienneté.

Les fonctionnaires qui, ayant quitté le service, ont été remis en activité soit dans l'administration dont ils faisaient partie, soit dans une autre administration publique bénéficient, pour la retraite, de la totalité des services qu'ils ont rendus à l'Etat, sous condition que l'intéressé reverse au Trésor les retenues qui, éventuellement, lui auraient été remboursées.

Article 18. Les femmes fonctionnaires ou employées bénéficieront d'une bonification d'âge et de service d'une année pour chacun des enfants qu'elles auront eus.

CHAPITRE II.

Pensions pour invalidité.

Article 19. Peuvent exceptionnellement obtenir pension, quels que soient leur âge et la durée de leur activité, les fonctionnaires et employés civils qui ont été mis hors d'état de continuer leur service, soit par suite d'un acte de dévouement dans un intérêt public, soit en exposant leurs jours pour sauver la vie d'une ou de plusieurs personnes, soit par suite d'une lutte soutenue ou d'attentat subi à l'occasion de leurs fonctions.

La pension, dans ce cas, est égale aux trois quarts du dernier traitement d'activité.

Article 20. Lorsque les fonctionnaires et employés civils se trouvent dans l'impossibilité absolue de continuer leur service par suite de maladie, de blessures ou d'infirmités graves dûment établies, ils peuvent être admis à la retraite soit sur leur demande, soit d'office.

L'invalidité devra être constatée par une commission de réforme composée comme suit :

1° Un médecin assermenté de l'administration;

2° Trois agents désignés par le Ministre;

3° Deux agents du même service que l'intéressé et élus par leurs collègues.

L'intéressé a le droit de prendre connaissance de son dossier et de faire entendre par la commission de réforme un médecin de son choix.

En cas d'invalidité constatée, ainsi qu'il est dit ci-dessus, les fonctionnaires et employés civils ont droit, quels que soient leur âge et la durée de leur activité, à une pension immédiate dont le montant est déterminé dans les conditions prévues ci-après.

Article 21. Si le fonctionnaire ou employé civil est atteint d'une invalidité qui résulte de l'exercice de ses fonctions, il lui est alloué une pension dont le montant est égal au tiers du dernier traitement d'activité, sans que cette pension puisse être inférieure à 1.500 francs ou à la pension d'ancienneté calculée, pour chaque année de services, à 1/30° ou à 1/25° de la pension minimum mentionnée à l'article 2, ces services étant accrus, s'il y a lieu, de la bonification coloniale et des bénéfices de campagne.

Toutefois, en raison du risque colonial, les pensions des fonctionnaires coloniaux retraités pour blessures ou infirmités contractées en service ne pourront être inférieures au minimum de la pension d'ancienneté afférente au dernier traitement d'activité, les services étant accrus des bonifications coloniales et du bénéfice des campagnes.

Article 22. Lorsque l'invalidité ne résulte pas de l'exercice des fonctions, le fonctionnaire ou employé civil qui compte au moins quinze ans de services, bonifiés, le cas échéant, comme il est dit à l'article précédent, a droit à une pension calculée à raison de un soixantième ou de un cinquantième du traitement moyen.

Si la durée des services du fonctionnaire ou employé civil invalide n'atteint pas quinze années, il est alloué à celui-ci une rente viagère, à jouissance immédiate, constituée à la Caisse nationale des retraites pour la vieillesse, par le versement à cette institution du montant des retenues effectivement prélevées sur son traitement, lesdites retenues augmentées de leurs intérêts calculés au taux bonifié à ses déposants par la Caisse d'épargne et de prévoyance de Paris à l'époque de cessation des fonctions. Ce versement est, au gré de l'intéressé, opéré à capital aliéné ou à capital réservé et suivant les modalités de la Caisse nationale des retraites pour la vieillesse.

Au montant de la rente ainsi constituée s'ajoute une subvention définitive de l'Etat égale au montant du capital constitutif de ladite rente et versée à capital aliéné à la Caisse nationale des retraites pour la vieillesse.

CHAPITRE III.

Pensions aux veuves et orphelins des fonctionnaires et employés civils.

Article 23. Les veuves des fonctionnaires et employés civils ont droit à une pension égale à 50 p. 100 de la retraite d'ancienneté ou d'invalidité obtenue par leur mari ou qu'il aurait obtenue le jour de son décès, suivant que la durée de ses services lui eût donné droit à cette date à une pension d'ancienneté ou à une pension d'invalidité.

Ce droit à pension est subordonné à la condition, s'il s'agit d'une pension d'invalidité, que le mariage soit antérieur à l'événement qui a amené la mise à la retraite ou la mort du mari et, s'il s'agit d'une pension d'ancienneté, que le mariage ait été contracté deux ans avant la cessation de l'activité, à moins qu'il existe un ou plusieurs enfants issus du mariage antérieur à cette cessation.

Chaque orphelin a droit, en outre, jusqu'à l'âge de 21 ans, à une pension temporaire égale à 10 p. 100 de la retraite d'ancienneté ou d'invalidité visée ci-dessus, sans toutefois que le cumul de la pension de la mère et de celle des orphelins puisse excéder le montant de la pension attribuée ou qui aurait été attribuée au père. S'il y a un excédent, il est procédé à la réduction temporaire des pensions d'orphelins.

Au cas de décès de la mère ou si celle-ci est inhabile à obtenir pension ou déchue de ses droits, les droits qui lui appartiendraient passent aux enfants âgés de moins de 21 ans, et la pension temporaire de 10 p. 100 est maintenue à partir du deuxième, à chaque enfant mineur de 21 ans, dans la limite du maximum fixé à l'alinéa précédent.

Les enfants naturels reconnus sont assimilés aux orphelins de père et de mère.

Les pensions attribuées aux enfants ne peuvent pas, au total, être inférieures au montant des indemnités pour charges de famille dont le père bénéficierait de leur chef s'il était vivant.

Article 24. Lorsqu'il existe une veuve et des enfants mineurs des deux lits par suite d'un mariage antérieur du fonctionnaire ou employé, la pension de la veuve est maintenue au taux de 50 p. 100; celle des orphelins est fixée, pour chacun d'eux, à 10 p. 100, dans les conditions prévues au troisième alinéa de l'article 23.

Lorsque les enfants mineurs issus des deux lits sont orphelins de père et de mère, la pension qui aurait été attribuée à la veuve se partage par parties égales entre chaque groupe d'orphelins, la pension temporaire de 10 p. 100 étant, dans ce cas, attribuée dans les conditions prévues au quatrième alinéa de l'article 23.

Article 25. Les orphelins mineurs d'une femme fonctionnaire ou employée décédée en jouissance de pension ou en possession de droits à pension par application des dispositions de la présente loi, ont droit à pension dans les conditions prévues au quatrième paragraphe de l'article 23.

Si le père est vivant, les enfants mineurs ont droit à une pension temporaire réglée, pour chacun d'eux, à raison de 10 p. 100 du montant de la pension attribuée ou qui aurait été attribuée à la mère.

Toutefois, les pensions attribuées aux enfants ne peuvent pas, au total, être inférieures au montant des indemnités pour charges de famille dont la mère bénéficierait de leur chef si elle était en vie.

Article 26. La femme séparée de corps ou divorcée, lorsque le jugement a été prononcé contre elle, ne peut prétendre à la pension de veuve; les enfants, s'il y en a, sont considérés comme orphelins de père et de mère et ont droit à la pension déterminée à l'article 23, quatrième alinéa.

En cas de divorce postérieur à la présente loi et prononcé au profit de la femme, celle-ci aura droit, ainsi que les enfants mineurs, à la pension définie à l'article 23.

En cas de remariage du mari, si celui-ci a laissé une veuve ayant droit à pension, cette pension sera, le cas échéant, partagée par moitié entre la veuve et la femme divorcée; au décès de l'une, sa part accroîtra à l'autre, sauf réversion de droit au profit d'enfants mineurs.

Article 27. Si la veuve se remarie, elle peut, à l'expiration de l'année qui suit son nouveau mariage, renoncer à sa pension. Dans ce cas, elle a droit au versement immédiat d'un capital représentant trois annuités de cette pension, et la pension, si le défunt a laissé des enfants mineurs, est transférée sur leur tête jusqu'à ce que le dernier d'entre eux ait atteint 21 ans.

CHAPITRE IV.

Dispositions spéciales.

Article 28. Les fonctionnaires et employés civils de l'Afrique du Nord, des colonies, pays de protectorat et à mandat, dont les emplois conduisent à pension de l'Etat sont soumis, ainsi que leurs ayants droit, à l'application des règles tracées aux dispositions générales et aux chapitres Ier, II, III du présent titre pour les fonctionnaires et employés civils.

Toutefois, le minimum de 1.500 francs prévu à l'article 21 n'est pas applicable aux agents dont les émoluments assujettis à retenues pour pension ne dépassent pas 3.000 francs. Il est, dans ce cas, fixé à la moitié desdits émoluments.

Article 29. Les fonctionnaires et employés civils, entrés

dans les administrations de l'Etat après l'âge de 30 ans et qui ne pourraient prétendre, à l'âge de 60 ans, à la pension d'ancienneté prévue à l'article 8 de la présente loi, auront droit à 60 ans à une pension calculée à raison d'un trentième ou de un vingt-cinquième de la pension minimum d'ancienneté pour chaque année de service.

Les articles 15 de la loi du 30 avril 1920 et 31 de la loi du 29 avril 1921 sont abrogés, sauf en ce qui concerne les agents qui, déjà affiliés par application de ces textes à la Caisse nationale des retraites pour la vieillesse, demanderaient, dans un délai de six mois, leur maintien sous le régime de cette caisse.

TITRE II.

MILITAIRES DES ARMÉES DE TERRE ET DE MER.

CHAPITRE PREMIER.

Pensions d'ancienneté et proportionnelle.

Article 30. Le droit à la pension d'ancienneté de services est acquis, pour les officiers des armées de terre et de mer, à trente ans accomplis de services militaires effectifs et, pour les personnels militaires non officiers, à vingt-cinq ans accomplis de services militaires effectifs.

Toutefois, ce droit est acquis à vingt-cinq ans de services militaires effectifs pour les officiers de toutes armes, de tous corps ou services, des armées de terre ou de mer lorsqu'ils comptent six ans de services accomplis hors d'Europe ou en navigation au service de l'Etat. Les services en navigation devront être accomplis dans les conditions fixées par un règlement d'administration publique.

Le temps passé par un officier des troupes coloniales entre le 2 août 1914 et le 11 novembre 1918 sur l'un quelconque des théâtres d'opérations autre que les colonies ou pays de protectorat français lui sera compté pour la moitié de sa durée effective comme temps de séjour aux colonies.

Sont assimilées au service en navigation les fonctions remplies par les officiers des armées de terre et de mer appartenant aux personnels volants ou navigants de l'aéronautique, sous la réserve qu'ils aient justifié durant quatre ans de services aériens exécutés dans les conditions fixées par l'article 37 ci-après.

Ont également droit à la pension d'ancienneté après vingt-cinq ans accomplis de services effectifs, les officiers qui, bien que ne réunissant pas six ans de services de la nature définie au paragraphe 2 ci-dessus, ont été placés en non-activité pour infirmités temporaires et reconnus, par un conseil d'enquête, non susceptibles d'être rappelés à l'activité.

Les officiers qui, aux termes de l'article 116 de la loi du 30 juin 1923, peuvent être mis à la retraite avec le grade supérieur et la jouissance de la pension de ce grade, continueront à bénéficier des avantages de cette loi, sans qu'il soit tenu compte du traitement de leurs trois dernières années d'activité.

Cette disposition s'appliquera aux officiers de cette catégorie mis à la retraite après le 1er janvier 1923.

Article 31. Pour la détermination du droit à la pension militaire de retraite à titre d'ancienneté de service, le point de départ des années de services effectifs se compte d'après les règles fixées par les lois de recrutement sans que, toutefois, l'effet de cette disposition puisse faire remonter le point de départ des services avant l'âge de 16 ans.

En ce qui concerne les élèves admis dans les grandes écoles militaires et navales et dans les écoles militaires préparatoires de l'Etat et à l'école coloniale, antérieurement à tout engagement militaire, les services effectifs se comptent du jour de l'entrée à l'école, sous réserve de la disposition restrictive visée à l'alinéa précédent.

Article 32. Les services civils entrent en compte pour l'établissement du droit à pension militaire.

Article 33. En temps de guerre, les retraités militaires rappelés à l'activité reçoivent la solde d'activité et les accessoires de solde de leur grade. S'ils perçoivent une solde mensuelle, le payement de leur pension de retraite est suspendu jusqu'au moment où ils sont rendus à la vie civile.

Les prescriptions interdisant le cumul d'une solde et d'une pension militaire sont, d'autre part, suspendues, pendant toute la durée de la mobilisation, pour les retraités militaires rappelés à l'activité et touchant une solde journalière.

La pension est revisée sur la solde du grade le plus élevé en tenant compte des nouveaux services.

Article 34. Chaque année de services effectifs au delà du minimum de temps de service exigé pour le droit à pension et chaque année de campagne donnent droit à une majoration d'un cinquantième de la solde moyenne.

Toutefois, la pension ne pourra dépasser les trois quarts de la solde moyennne que pour les militaires et marins non officiers qui pourront obtenir quinze annuités supplémentaires au delà du minimum sans dépasser ce nombre

Le minimum de la pension des caporaux et soldats ou des militaires des armées de terre et de mer de grade correspondant ne peut être inférieur à 2.120 francs pour les caporaux et à 1.920 francs pour les soldats. Les maxima sont, dans ce cas, de 2.550 francs pour les caporaux et 2.220 francs pour les soldats, chaque annuité correspondant à un quinzième de la différence entre le maximum et le minimum.

Article 35. Les officiers généraux placés dans la 2e section de l'état-major général reçoivent une solde égale au taux de la pension à laquelle ils auraient droit s'ils étaient retraités.

Article 36. Aux militaires de tous grades de l'armée de terre ainsi qu'aux personnels militaires des différents corps de la marine qui réunissent les conditions voulues pour l'admission à pension de retraite, il est attribué en sus de la durée effective de leurs services à l'Etat des bénéfices de campagne décomptés selon les règles ci-après :

A. — Double en sus de la durée effective pour le service accompli en opérations de guerre :

1° Soit dans les opérations des armées françaises et des armées alliées;

2° Soit à bord des bâtiments de guerre de l'Etat, des bâtiments de commerce au compte de l'Etat ou des mêmes bâtiments des puissances alliées.

Dans les cas envisagés ci-dessus, le bénéfice de la double

campagne ne prendra fin pour tout blessé de guerre qu'à l'expiration d'une année complète à partir du jour où il a reçu
sa blessure.

B. — Totalité en sus de la durée effective :

1° Pour le service accompli sur le pied de guerre pour tous
les militaires et marins autres que ceux placés dans les positions définies au paragraphe A ci-dessus;

2° Pour le service accompli en voyage de découverte ou d'exploration sur l'ordre du gouvernement;

3° Pour le temps passé en captivité pour les militaires et marins prisonniers de guerre;

4° Pour le service accompli en Corse et dans l'Afrique du
Nord par la gendarmerie.

C. — Totalité en sus ou moitié en sus de la durée effective,
selon le degré d'insalubrité ou les conditions d'insécurité du
territoire envisagé, lesquels seront déterminés par un règlement
d'administration publique; le service accompli, soit à terre, soit
à bord des bâtiments de l'Etat ou des bâtiments de commerce
au compte de l'Etat :

1° En Algérie, dans les colonies, pays de protectorat ou territoires à mandat, pour les militaires et marins envoyés de la
métropole, d'Algérie ou d'une autre colonie ou pays de protectorat;

Sont considérés à cet égard comme envoyés d'Europe les
militaires et marins français originaires d'Europe ou nés dans
une colonie, pays de protectorat ou territoire à mandat, de
père et mère tous deux Européens, de passage dans ces régions
et n'y étant pas définitivement fixés.

2° Dans un pays étranger, pour les troupes d'occupation de
terre et de mer et pour les catégories de personnel désignées
par décret contresigné par le ou les Ministres intéressés et par
le Ministre des finances.

D. — Moitié en sus de la durée effective :

1° Pour le service accompli sur le pied de paix à bord des
bâtiments de l'Etat armés et dans les conditions fixées par un
décret;

2° Pour le temps passé à bord des mêmes bâtiments ou de
bâtiments de commerce, en temps de paix, entre la métropole et

un territoire colonial ou à mandat, de protectorat ou étranger, en cas d'embarquement pour rejoindre ou quitter son poste.

E. — Moitié de la durée effective, et à titre de bonification seulement, la navigation accomplie, en temps de guerre seulement, à bord des bâtiments ordinaires du commerce. Les bonifications ainsi acquises ne pourront jamais entrer pour plus d'un tiers dans l'évaluation totale des services admis en liquidation.

Article 37. En dehors des opérations de guerre, l'exécution d'un service aérien commandé donne droit à des bonifications dans la limite maximum du double en sus de la durée effective des services à l'État.

Des décrets rendus sur la proposition des Ministres de la guerre ou de la marine ou des Ministres disposant de personnel exécutant des services aériens, contresignés par le Ministre des finances, détermineront les conditions dans lesquelles le service aérien doit être exécuté pour donner droit à des bonifications et en fixeront la quotité.

Dans aucun cas celles-ci ne pourront, par période de douze mois consécutifs, dépasser deux ans, ni se cumuler au delà de ce chiffre avec des bonifications obtenues pour d'autres causes.

Article 38. Lorsque les services effectifs sont de nature à donner à la fois des droits à plusieurs des bonifications prévues à l'article 36 ci-dessus, les bonifications ainsi allouées s'additionnent sans toutefois que la période supplémentaire fictive, accordée comme bonification, puisse jamais dépasser le double de la durée effective du service auquel elle se rapporte.

Article 39. Les bénéfices de campagne sont calculés sur la durée des services qu'ils rémunèrent. Toutefois, lorsqu'un nombre impair de jours de services effectifs donne lieu à bonification de moitié en sus, cette bonification est complétée à un nombre entier de jours.

Lorsque le décompte final des services effectifs et des bonifications pour campagne fait ressortir dans le total une fraction de mois, celle-ci, dans le calcul du taux de la pension à allouer, est décomptée pour un douzième entier d'annuité.

Article 40. Le mode de décompte des bénéfices de campagne

établi par la présente loi sera appliqué à tous les services accomplis à dater de la promulgation de la présente loi; pour les service antérieurs, les règles en vigueur antérieurement à l'application de la présente loi demeureront applicables.

Article 41. Les pensions des militaires non officiers de la gendarmerie sont augmentées, pour chaque année d'activité passée dans la gendarmerie au delà de quinze ans de services militaires effectifs :

De 55 fr. pour le chef de brigade H. C. ou de..... 1re classe.
De 50   —   —   ..... 2e   —
De 45   —   —   ..... 3e   —
De 40   —   —   ..... 4e   —

De 35 francs pour le gendarme.

Le droit à ces annuités, basé sur le grade dont le militaire est titulaire à l'époque de sa mise à la retraite, est acquis après vingt-cinq ans de services effectifs. Le maximum de l'augmentation est atteint à trente ans de services effectifs.

Le militaire qui, après être sorti de la gendarmerie pour une cause quelconque, y est réadmis, ne profite de la majoration dont il s'agit que pour le temps accompli dans cette arme depuis sa réadmission.

En cas d'admission à la retraite à titre de blessures ou d'infirmités contractées au service, le bénéfice des annuités déterminé ci-dessus est acquis au militaire, mais seulement pour le nombre d'années de présence dans la gendarmerie.

Les dispositions du présent article sont applicables aux militaires de la gendarmerie maritime qui ont été versés d'office dans ce corps par suite de la suppression du personnel de surveillance des prisons maritimes. Les services accomplis par ces militaires, en qualité de surveillants des prisons maritimes, seront réputés accomplis dans la gendarmerie pour le calcul de la majoration spéciale.

Article 42. Les droits à pension d'ancienneté ou à pension proportionnelle pour les militaires indigènes recrutés par voie d'engagement ou d'appel individuel sont acquis dans les mêmes conditions que pour les militaires français. Le taux et les règles d'allocation desdites pensions, pour les militaires indigènes non officiers, sont fixés par des règlements d'administration publique, d'après les conditions de la vie locale.

Article 43. Les militaires servant ou ayant servi au titre étranger ont les mêmes droits à pension que les militaires servant ou ayant servi au titre français, sauf dans le cas où ils participeraient à un acte d'hostilité contre la France. Toutefois, sous la réserve que les autres conditions requises par la présente loi pour la réversibilité de la pension seront remplies, le droit à pension n'est réversible que si l'intéressé a épousé une Française.

Article 44. Les militaires et marins de tous grades et de tous les corps peuvent être admis sur leur demande, après quinze ans accomplis de services effectifs et 33 ans d'âge, au bénéfice d'une pension de retraite proportionnelle calculée d'après les règles ci-après.

Si le total des services effectifs et des annuités pour bénéfices de campagne est égal ou inférieur à vingt-cinq ans, pour les militaires ou marins non officiers et pour les officiers réunissant, d'autre part, six années de services hors d'Europe ou en navigation au service de l'Etat, ou à trente ans pour les officiers ne réunissant pas cette dernière condition, le taux de la pension est égal, suivant le cas, à autant de vingt-cinquièmes ou de trentièmes de la pension qui reviendrait à l'ayant cause s'il était admis à la retraite à titre d'ancienneté de services.

Si le total des services effectifs et des annuités pour campagnes dépasse vingt-cinq ou trente annuités, suivant le cas, la pension est liquidée comme pension d'ancienneté en ajoutant au minimum de la pension correspondant à vingt-cinq ou trente annuités, et pour chaque annuité supplémentaire, un cinquantième de la solde moyenne.

Dans tous les cas, et pour les officiers seulement, la jouissance de cette pension est différée jusqu'au jour où l'ayant cause aurait eu droit à une pension d'ancienneté ou aurait été atteint par la limite d'âge s'il était resté au service. De plus, le nombre des retraites proportionnelles d'officiers à accorder chaque année sur demande sera déterminé annuellement par la loi de finances.

Les militaires et marins venant à quitter le service pour quelque cause que ce soit, sans pouvoir prétendre à pension, auront droit au remboursement de la retenue subie d'une manière effective sur leur solde dans les conditions prévues à l'article 17 (paragraphes 2 et 3).

Article 45. Tout officier placé en position de réforme pour

infirmités incurables dans les conditions fixées par la loi du 19 mai 1834 sur l'état des officiers et pour infirmités non imputables au service reçoit, s'il a moins de quinze ans de services effectifs à l'Etat, pendant un temps égal à la durée de ses services, une solde de réforme égale aux deux tiers du minimum de la pension qui lui serait allouée s'il était admis à la retraite à titre d'ancienneté de services.

Si la réforme est prononcée par mesure disciplinaire, le montant de la solde est fixé à la moitié de la pension.

L'officier ayant au moment de sa réforme plus de quinze ans de services à l'Etat reçoit une pension proportionnelle calculée dans les conditions prévues à l'article précédent pour les retraites proportionnelles. La jouissance de cette pension est immédiate.

Si la réforme est prononcée par mesure disciplinaire, la pension est exclusive de toute majoration pour bénéfice de campagne.

Le sous-officier ou l'officier marinier qui, après avoir servi pendant cinq ans au delà de la durée légale, serait réformé sans avoir acquis des droits, soit à une pension proportionnelle, soit à une pension d'invalidité, reçoit, pendant un temps égal à la durée de ses services effectifs, une solde de réforme égale au montant de la pension proportionnelle de son grade.

Article 46. Les officiers et assimilés admis dans les cadres de l'activité dans des conditions telles que la durée de leurs services, au moment où ils sont atteints par la limite d'âge, ne serait pas suffisante pour leur donner droit à une pension d'ancienneté, reçoivent une pension proportionnelle calculée dans les conditions prévues à l'article 44.

CHAPITRE II.

Pensions d'invalidité.

Article 47. Les pensions d'invalidité restent fixées par la législation spéciale sur les pensions pour invalidité des militaires et marins pour toutes les invalidités contractées ou aggravées par le fait et à l'occasion du service.

L'article 59 de la loi du 31 mars 1919 est étendu à tous les cas où l'infirmité est attribuable à un service accompli en opérations de guerre.

En aucun cas, la pension d'invalidité accordée à un militaire mis à la retraite pour infirmité le rendant définitivement incapable d'accomplir son service ne pourra être inférieure à la pension minimum d'ancienneté du grade, augmentée des annuités pour campagnes acquises par l'intéressé.

CHAPITRE III.

Pensions des veuves et orphelins des militaires et marins.

Article 48. Sont applicables aux ayants cause des militaires et marins dont les droits ne se trouvent pas régis par la législation spéciale des pensions pour invalidité les dispositions du chapitre III du titre 1er de la présente loi, sous réserve de la disposition particulière ci-après :

La pension des veuves des maréchaux de France et amiraux est fixée à 18.000 francs.

Article 49. La pension des ayants cause des militaires et marins de tous grades, décédés titulaires d'une pension proportionnelle, est calculée en prenant pour base le taux de cette pension.

Les ayants cause des militaires des armées de terre et de mer, décédés en activité de service, après quinze ans de services effectifs à l'Etat, reçoivent une pension dont le montant est également calculé d'après le taux de la pension proportionnelle à laquelle aurait pu prétendre le militaire décédé, que celui-ci ait ou non demandé le bénéfice du 4e alinéa de l'article 44.

Article 50. Les droits à pension des ayants cause des militaires et marins décédés titulaires d'une pension d'invalidité ou décédés en activité des suites de blessures ou de maladies aggravées ou contractées en service sont fixés par la législation spéciale sur les pensions pour invalidité.

Lorsque les dispositions de l'article 51 ne leur sont pas ap-

plicables, la pension qui leur est dévolue ne peut être inférieure à celle qui leur reviendrait en prenant pour base celle
prévue au dernier alinéa de l'article 47.

Article 51. Lorsqu'un militaire ou marin réunissant les conditions requises pour l'obtention d'une pension fondée sur la
durée des services vient à décéder, par le fait ou à l'occasion
du service, en possession d'une pension réversible d'invalidité
ou de droits à une pension de cette nature, ses ayants cause
peuvent opter pour la pension fixée par les tarifs de la loi spéciale aux pensions d'invalidité ou pour la pension de réversion
fixée par la présente loi.

Dans ce dernier cas, la pension de réversion d'ancienneté est
augmentée de la pension à laquelle la veuve ou les orphelins
d'un soldat décédé en possession des droits, et dans les conditions spécifiées ci-dessus, pourraient prétendre en vertu de la
loi spéciale aux pensions d'invalidité.

Article 52. Les droits des ayants cause des militaires ou marins indigènes de l'Algérie, des colonies, pays de protectorat
et territoires à mandat, appelés ou engagés dans les conditions
prévues à l'article 42, seront déterminés par des règlements d'administration publique qui statueront, pour chaque colonie,
d'après les conditions de la vie locale.

CHAPITRE IV.

Dispositions spéciales.

Article 53. Les inspecteurs des colonies, ainsi que leurs ayants
cause, sont soumis aux dispositions générales et à l'application
des règles tracées aux chapitres Ier, II et III du présent titre
pour les militaires des armées de terre et de mer.

Les surveillants militaires des établissements pénitentiaires
coloniaux ainsi que leurs ayants cause, sont soumis aux mêmes
dispositions.

TITRE III

DISPOSITIONS D'ORDRE COMMUNES AUX PENSIONS CIVILES ET MILITAIRES.

Article 54. Les pensions instituées par la présente loi sont incessibles et insaisissables, sauf en cas de débet envers l'Etat, les services locaux des colonies ou pays de protectorat, ou pour les créances privilégiées aux termes de l'article 2101 du Code civil et dans les circonstances prévues par les articles 203, 205, 206, 207 et 214 du même Code.

Les débets envers l'Etat, ainsi que ceux contractés envers les services locaux des colonies ou pays de protectorat, rendent les pensions passibles de retenues jusqu'à concurrence d'un cinquième de leur montant. Il en est de même pour les créances privilégiées. Dans les autres cas, prévus au précédent alinéa, la retenue peut s'élever jusqu'au tiers du montant de la pension.

La retenue du cinquième et celle du tiers peuvent s'exercer simultanément.

En cas de débets simultanés envers l'Etat et les colonies ou pays de protectorat, les retenues devront être effectuées, en premier lieu, au profit de l'Etat.

Article 55. Lorsqu'un bénéficiaire de la présente loi, titulaire d'une pension, a disparu de son domicile et que plus d'un an s'est écoulé sans qu'il ait réclamé les arrérages de sa pension, sa femme ou les enfants mineurs qu'il a laissés peuvent obtenir, à titre provisoire, la liquidation des droits de réversion qui leur seraient ouverts par les dispositions de la présente loi.

La même règle peut être suivie à l'égard des orphelins lorsque la mère pensionnée ou en possession de droits à pension a disparu depuis plus d'un an.

Une pension peut être également attribuée, à titre provisoire, à la femme ou aux enfants mineurs d'un bénéficiaire de la présente loi, disparu, lorsque celui-ci était en possession de droits à pension au jour de sa disparition et qu'il s'est écoulé au moins un an depuis ce jour.

La pension provisoire est convertie en pension définitive lorsque le décès est officiellement établi ou que l'absence a été déclarée par jugement passé en force de chose jugée.

Article 56. Le droit à l'obtention ou à la jouissance de la pension est suspendu :

Par la condamnation à la destitution prononcée par application des articles du Code de justice militaire ou maritime;

Par la condamnation à une peine afflictive ou infamante, pendant la durée de la peine;

Par les circonstances qui font perdre la qualité de Français, durant la privation de cette qualité;

Pour les veuves et femmes divorcées, par la déchéance de la puissance paternelle.

S'il y a lieu, par la suite, à la liquidation ou au rétablissement de la pension, aucun rappel pour les arrérages antérieurs n'est dû.

Article 57. La suspension de la pension prévue à l'article précédent n'est que partielle si le pensionnaire a une femme ou des enfants mineurs; en ce cas, la femme ou les enfants mineurs reçoivent, pendant la durée de la suspension, la pension à laquelle ils auraient droit si le pensionnaire était décédé.

Les frais de justice résultant de la condamnation du pensionnaire ne peuvent être prélevés sur la portion des arrérages ainsi réservés au profit de la femme et des enfants.

Article 58. Tout bénéficiaire de la présente loi qui est constitué en déficit pour détournement de deniers de l'Etat, des départements, des communes ou établissements publics, de dépôts de fonds particuliers versés à sa caisse ou de matières reçues et dont il doit compte, ou qui est convaincu de malversations relatives à son service, perd ses droits à la pension, lors même qu'elle aurait été liquidée et inscrite.

La même disposition est applicable au fonctionnaire ou militaire convaincu de s'être démis à prix d'argent, ou à des conditions équivalant à une rémunération en argent, ainsi qu'à son complice.

Article 59. Les titulaires de pensions civiles et militaires d'ancienneté nommés à un emploi civil rétribué soit par l'Etat, soit par les départements, colonies ou pays de protectorat, communes ou établissements publics, ne peuvent cumuler leurs pensions avec le traitement attaché à cet emploi qu'autant que le total n'excède pas 18.000 francs.

Si la pension et le traitement cumulés donnent une somme

supérieure à ce chiffre, cette somme ne peut excéder soit le montant du dernier traitement ou de la dernière solde d'activité, augmenté des accessoires de traitement ou de solde, soit le montant du traitement correspondant à l'emploi occupé.

Dans tous les cas où la limite est dépassée, la réduction porte sur le traitement attaché à l'emploi et non sur la pension. Toutefois, les indemnités afférentes audit traitement, ayant un caractère temporaire, ou représentatives de dépenses personnelles occasionnées par la résidence, ne sont pas sujettes à réduction.

Les sommes attribuées à titre de supplément colonial et celles ayant le caractère d'un remboursement de dépenses ou d'allocations non personnelles imposées par la fonction, ne rentrent pas en compte pour la détermination du maximum du cumul.

Les dispositions restrictives du cumul ne sont pas applicables aux membres de l'Institut et du Bureau des longitudes, aux membres de l'ordre national de la Légion d'honneur et aux médaillés militaires pour les traitements viagers qu'ils reçoivent en cette qualité, ni aux titulaires de pensions militaires proportionnelles.

Article 60. Les militaires ou marins de la réserve ou de la territoriale cumulent, en temps de paix, pendant les exercices ou manœuvres auxquels ils sont convoqués, la pension militaire dont ils jouissent, avec la solde et les prestations militaires afférentes à leur grade, mais le temps passé sous les drapeaux dans ces conditions n'entre pas dans la supputation des services militaires donnant droit à pension ou à revision de pension.

Article 61. Les indemnités allouées aux titulaires de pensions militaires à raison de l'exercice de fonctions militaires sont cumulables avec la pension dans les limites fixées à l'article 59, mais les services qu'elles rémunèrent ne peuvent en aucun cas ouvrir de nouveaux droits à la retraite ou à la revision de la pension.

Article 62. Le cumul de plusieurs pensions servies par l'Etat, les départements, colonies ou pays de protectorat, les communes ou établissements publics, est autorisé dans la limite de 18.000 francs. Au cas où cette limite est dépassée, l'excédent est retenu sur la pension servie par l'Etat.

Le cumul est interdit pour les pensions acquises dans l'exercice d'un même emploi.

En aucun cas, et pour quelque cause que ce soit, une veuve ne pourra cumuler sur sa tête deux pensions de réversion au titre de la présente loi. Il en est de même des orphelins.

Les dispositions du présent article ne sont pas applicables aux pensions que les lois antérieures ont affranchies des prohibitions du cumul, ni aux pensions militaires pour blessures ou infirmités pour lesquelles aucune modification n'est apportée aux dispositions en vigueur.

TITRE IV.

DISPOSITIONS SPÉCIALES OU TRANSITOIRES.

Article 63. Toute nomination d'un pensionné civil ou militaire à titre d'ancienneté de service, à un emploi de l'Etat, des départements, des communes ou établissements publics doit être notifiée dans les quinze jours au Ministre des finances par l'autorité qui l'a prononcée.

Article 64. La liquidation de la pension est faite par le Ministre compétent.

Lorsqu'il s'agit d'une pension civile d'invalidité attribuée dans les conditions de la présente loi ou d'une pension militaire d'invalidité ne résultant pas d'événements de guerre, cette liquidation est soumise à l'examen de la section des finances, de la guerre, de la marine et des colonies du Conseil d'Etat. Il en est de même s'il s'agit d'une pension d'ancienneté civile ou militaire, donnant lieu soit à un désaccord entre le Ministre liquidateur et le Ministre des finances, soit à une demande de renvoi faite par l'un des Ministres intéressés.

Les pensions civiles sont concédées par décret contresigné par le Ministre des finances. La pension est inscrite et le titre délivré après la publication au *Journal officiel*.

Il n'est rien modifié, en ce qui concerne la concession des pensions militaires, aux dispositions de l'article 2 (1er alinéa) de la loi du 27 avril 1920; ces pensions sont concédées par arrêtés interministériels signés du Ministre liquidateur et du Ministre des finances.

Ampliation du décret ou de l'arrêté interministériel est délivrée à la Caisse des pensions.

Article 65. Les pensions attribuées en vertu de la présente loi sont irrévocables. Elles peuvent toutefois être annulées et revisées, s'il y a lieu, dans les cas suivants, par un décret rendu sur le rapport du Ministre des finances, après avis du Conseil d'Etat :

1° Lorsqu'une erreur matérielle de liquidation ou de concession a été commise;

2° Lorsque les énonciations des actes ou des pièces sur le vu desquels la pension a été concédée sont reconnues inexactes, soit en ce qui concerne la fonction ou le grade, le décès ou le genre de mort, soit en ce qui concerne l'état civil ou la situation de famille;

3° Lorsqu'il est démontré que la pension a été accordée en raison d'infirmités dont l'intéressé n'était pas atteint au moment où son droit a été constaté;

4° Lorsqu'un ancien fonctionnaire ou militaire dont le prétendu décès a ouvert droit à pension de veuve ou d'orphelin est reconnu vivant.

La restitution des sommes payées indûment ne peut être exigée que si l'intéressé était de mauvaise foi. La restitution sera poursuivie, à la diligence de la Caisse des pensions, par l'agent judiciaire du Trésor.

Article 66. Tout pourvoi contre le rejet d'une demande de pension ou contre sa liquidation doit être formé, à peine de déchéance, dans un délai de trois mois à dater de la notification de la décision qui a prononcé le rejet ou qui a arrêté le chiffre de la pension concédée.

Article 67. Les fonctionnaires ou employés civils, les militaires ou marins auxquels la présente loi est applicable, ainsi que leurs ayants droit, sont tenus, à peine de déchéance, de se pourvoir en liquidation dans un délai de cinq ans à partir de la cessation de l'activité, ou en ce qui concerne la veuve et l'orphelin, du décès de l'intéressé.

Article 68. Les veuves des fonctionnaires, employés et ouvriers civils, des militaires et marins qui sont décédés en activité de service avant la promulgation de la loi sans avoir droit à pension recevront une allocation annuelle qui sera de 30, 40 ou 50 francs par année de service, suivant que l'agent décédé avait un traitement, solde ou salaire inférieur à 3.000 ou 6.000 francs, ou un traitement, solde ou salaire de 6.000 francs et au-dessus.

Les veuves pourvues d'un emploi public ou d'un bureau de tabac de 1re classe, en raison des services rendus par leur mari, devront opter entre le maintien de l'emploi ou du bureau de tabac et l'allocation annuelle prévue par le présent article.

Article 69. Dans chaque ministère, un règlement d'administration publique déterminera, dans les six mois de la promulgation de la présente loi, les catégories de personnels dont les emplois, quelle que soit leur dénomination présente, répondent à des besoins permanents et qui, en conséquence, devront être admis au bénéfice des dispositions de la présente loi.

Article 70. Dans les deux mois qui suivront la promulgation de la présente loi, il sera institué une commission extraparlementaire nommée par les Ministres des finances et de l'intérieur, et chargée, dans un délai de six mois, de préparer une réforme du régime des retraites des fonctionnaires, employés et ouvriers départementaux et communaux.

Article 71. Il est créé une caisse intercoloniale de retraites à laquelle seront assujettis les fonctionnaires et agents des cadres locaux européens des colonies, pays de protectorat et territoires à mandat relevant du ministère des colonies dont les emplois ne conduisent pas à pension sur le Trésor public, sans qu'il y ait lieu de distinguer si ces pays possèdent ou non, actuellement, des caisses ou organisations de retraites ou de prévoyance.

La Caisse intercoloniale est alimentée :

1° Par des retenues opérées sur le traitement des fonctionnaires et agents intéressés des colonies et dont le taux est celui déterminé par les articles 3 et 6 ci-dessus;

2° Par les subventions, actuellement versées aux caisses existantes par les budgets généraux, locaux et spéciaux. Les colonies qui n'ont pas actuellement de caisses de retraites verseront des subventions fixées par décret rendu sur la proposition du Ministre des colonies.

Dans le cas où les ressources de la Caisse intercoloniale ne seraient pas suffisantes pour assurer le service des pensions aux ayants droit, un décret, rendu sur la proposition du Ministre des colonies, fixera le *quantum* de la contribution supplémentaire à exiger de chacun des budgets en cause.

La Caisse intercoloniale absorbera toutes les caisses ou organismes de retraites ou de prévoyance existant lors de la promulgation de la loi, après qu'il aura été procédé à l'apurement de leur situation.

Un décret, rendu sur la proposition du Ministre des colonies fixera le montant de la contribution initiale que devront verser, à la Caisse intercoloniale, les colonies ne possédant pas de caisses locales ou organismes de retraite ou de prévoyance; les dépenses administratives de la caisse sont assurées par des crédits inscrits au budget du ministère des colonies et qui seront couverts par des contributions obligatoires correspondantes versées par les budgets généraux, locaux ou spéciaux au compte « Produits divers du budget de l'Etat ».

Un règlement d'administration publique déterminera, dans les six mois qui suivront la mise en application de la présente loi, les modalités d'application des diverses dispositions ci-dessus.

Les fonctionnaires visés au paragraphe premier du présent article qui se trouveront en activité de service au moment de la mise en vigueur de la présente loi et désireront être maintenus sous le régime des dispositions antérieures auxquelles ils étaient assujettis devront formuler, par écrit, leur option à cet égard. Celle-ci sera définitive; elle emportera détermination du régime éventuellement applicable à la veuve ou aux orphelins. Elle devra être formulée avant l'expiration d'un délai dont la durée sera précisée par le règlement d'administration publique à intervenir.

Article 72. Les services rendus dans les cadres locaux des administrations des colonies ou pays de protectorat sont admissibles pour l'établissement du droit à pension et pour la liquidation.

Lorsqu'un fonctionnaire provenant d'un service local passera au service de l'Etat, la pension, tout en étant liquidée sur l'ensemble des services, incombera pour partie à l'administration locale ou à la caisse locale de retraites à laquelle le fonctionnaire était affilié. La part contributive de ces derniers sera proportionnelle à la durée des services rendus dans le cadre local.

La pension sera concédée dans les formes prévues par la présente loi et servie par l'Etat, sauf reversement par l'administration ou la caisse locale de la portion des arrérages mise à leur charge par le décret de concession.

Les administrations locales devront prévoir des mesures analogues en vue de régler les droits à la retraite des agents passant du service de l'Etat dans les cadres locaux.

Les services accomplis par les fonctionnaires et agents, visés au paragraphe 2 ci-dessus, ne pourront être validés et admis dans la liquidation de la pension que si les intéressés ont effectué les versements rétroactifs correspondants.

Article 73. Les militaires visés par les articles 59 et 60 de la loi du 31 mars 1919, les veuves et orphelins visés par l'article 60 de la même loi pourront présenter une nouvelle option qui portera effet du jour de la promulgation de la loi.

Une pension proportionnelle, calculée dans les conditions de l'article 44 ci-dessus, et à jouissance immédiate, est allouée aux officiers à titre temporaire mis à la retraite par application de la loi du 22 juillet 1921.

Article 74. A l'exception des fonctionnaires qui figuraient au jour de la promulgation de la loi sur une liste d'admissibilité ou sur une liste de classement, à un emploi donnant droit à une pension militaire, aucun fonctionnaire, employé ou ouvrier civil nommé postérieurement à la promulgation de la présente loi ne sera plus admis au bénéfice des pensions militaires.

Pour tenir compte des droits acquis, les fonctionnaires, employés civils et ouvriers dont la nomination est antérieure à la présente loi et qui ont été admis au bénéfice des pensions militaires par application des textes législatifs ou règlements actuellement en vigueur, continueront à bénéficier du régime institué par ces lois ou règlements au point de vue du droit à pension d'ancienneté et des bonifications pour campagnes.

Toutefois, et par dérogation aux dispositions de l'article 2 de la présente loi, seront traités pendant le temps durant lequel ils jouiront de la pension militaire :

Comme adjudants-chefs : les ouvriers immatriculés de la guerre chefs d'atelier.

Comme adjudants : les ouvriers immatriculés de la guerre contremaîtres.

Comme sergents-majors : les ouvriers immatriculés de la guerre chefs d'équipes.

Comme sergents : les ouvriers immatriculés de 1re classe de la guerre.

Comme soldats : les ouvriers immatriculés de 2e classe de la guerre.

Comme quartiers maîtres des directions de port : les chefs ouvriers immatriculés de la marine.

Comme marins des directions de port : les ouvriers immatriculés de la marine.

Les ayants cause des personnels visés au présent article pourront opter soit pour les pensions d'invalidité de la loi du 31 mars 1919 s'ils réunissent les conditions exigées par cette loi, soit pour les dispositions du chapitre III du titre Ier de la présente loi. Dans ce dernier cas, et si le mari ou le père comptait au moment de son décès moins de vingt-cinq ans de services effectifs à l'Etat, la pension de la veuve ou des orphelins sera calculée sur la base d'une pension proportionnelle à la durée des services.

Les ouvriers immatriculés qui ont opté pour le régime des retraites des établissements industriels de l'Etat (loi du 21 octobre 1919) auront la faculté d'opter, dans un délai de six mois à partir du jour de sa promulgation, pour le régime prévu par le présent article.

La rente viagère ou la pension correspondant aux versements effectués à leur nom au titre de la loi du 21 octobre 1919 leur restera acquise, mais viendra en déduction de la pension calculée suivant les règles de la présente loi. Cette rente viagère sera calculée pour les ouvriers ayant effectué des versements à capital réservé, comme si les versements avaient été faits à capital aliéné.

Article 75. Les services rendus par les chefs d'ateliers de la guerre ou des manufactures de l'Etat et par les agents techniques de la marine pendant le temps durant lequel ils auront servi soit dans les ateliers, soit sur les chantiers, soit à bord des bâtiments de l'Etat sont assimilés aux services rendus dans la partie active.

Article 76. Les fonctionnaires et employés faisant partie des personnels civils bénéficiant du régime des pensions militaires, nommés antérieurement à la promulgation de la présente loi, pourront opter pour le régime commun à tous les fonctionnaires et employés civils.

Ceux de ces fonctionnaires ou employés qui ont été admis à la retraite à titre d'infirmités, antérieurement à la promulgation de la présente loi, pourront, s'ils réunissaient les droits à pension d'ancienneté au moment de leur radiation des contrôles, être admis au bénéfice des pensions d'ancienneté dans les conditions fixées par la présente loi.

Article 77. Les agents actuellement en fonctions conserveront le bénéfice des dispositions présentement en vigueur pour les services accomplis antérieurement à la promulgation de la présente loi toutes les fois que ces dispositions sont plus favorables que celles de la présente loi.

Article 78. Le bénéfice de l'article premier de la loi du 25 juin 1914 est étendu au personnel de surveillance des services pénitentiaires (gardiens et gardiens-chefs), ainsi qu'aux commissaires de police et inspecteurs de police spéciale et mobile et aux agents de police de l'Etat.

Article 79. Les fonctionnaires et employés civils, anciens combattants, jouiront, pour la retraite, des avantages suivants :

1° Ils pourront obtenir une mise à la retraite anticipée. L'âge et la durée des services à partir desquels cette demande sera recevable seront ceux appliqués aux autres bénéficiaires de la loi de leur catégorie, déduction faite d'un nombre d'années égal à la moitié des années de services accomplis pendant la campagne 1914-1919;

2° Si, par suite de l'exercice de leurs fonctions, les infirmités ou maladies contractées dans la zone des armées pendant la guerre 1914-1919 par les bénéficiaires de la présente loi, viennent à s'aggraver au point de les mettre dans l'impossibilité de continuer leurs fonctions, ils pourront, par extension des dispositions de l'article 21, obtenir une pension exceptionnelle, quels que soient leur âge et la durée de leur activité;

Le taux de cette pension est celui prévu par ledit article 21, accru de la liquidation des bénéfices de campagnes;

3° Ils peuvent invoquer le bénéfice de l'article 14 de la présente loi;

4° Le droit à la revision ou à la constitution des pensions conformément aux dispositions du présent article est ouvert :

a) Aux titulaires de pensions déjà liquidées ou à leurs ayants droit;

b) Aux ayants droit de fonctionnaires décédés avant la promulgation de la présente loi;

5° Pour l'application des dispositions de l'article 10 de la loi du 18 avril 1831, modifié par l'article 127 de la loi du 13 juillet 1911 et de l'article 2 de la loi du 5 août 1879 sur les pensions du personnel du Département de la marine et des colonies est assimilé au temps de service effectif aux colonies le temps passé sous les drapeaux par les fonctionnaires de la marine et des colonies entre le 2 août 1914 et le 24 octobre 1919, ainsi que le temps passé à l'hôpital ou en congé de convalescence après leur démobilisation par suite de blessures ou maladies contractées au cours de leur mobilisation.

Les avantages reconnus par le présent article sont accordés aux fonctionnaires dégagés de toute obligation militaire et à ceux qui, par ordre, sont restés à leur poste pendant l'occupation ennemie, ainsi qu'à tous les fonctionnaires qui ont été tenus de résider en permanence ou d'exercer continuellement leurs fonctions dans les localités ayant bénéficié de l'indemnité de bombardement.

Pour cette dernière catégorie de fonctionnaires, il sera tenu compte des conditions ci-dessus pour la période comprise entre le 1er janvier et le 1er décembre 1918.

Les fonctionnaires qui, dégagés de toute obligation militaire, ont contracté un engagement pour la durée de la guerre dans une arme combattante, auront la faculté de prolonger leur service au delà de l'époque où s'ouvre leur droit à pension d'un temps égal à celui de leur mobilisation, sauf avis contraire du conseil d'enquête établi en exécution de l'article 111 de la loi du 30 juin 1923.

Article 80. Les bénéficiaires civils ou militaires de la présente loi, pourront compter, dans la liquidation de leur pension, nonobstant les maxima prévus aux articles 2 et 34. les annuités supplémentaires acquises au titre des bénéfices de campagne pendant la guerre 1914-1919, sans que le taux de la pension puisse dépasser en sus du minimum, la valeur de quinze annuités supplémentaires, compte tenu de tous les éléments entrant dans le calcul de la pension.

Article 81. Un règlement d'administration publique déterminera, dans les six mois de la promulgation de la présente loi, les mesures propres à en assurer l'exécution.

Article 82. La présente loi est applicable à l'Algérie et aux colonies. Des règlements d'administration publique en détermineront les détails d'application dans les six mois à dater de la promulgation de la présente loi.

Article 83. Le délai d'option prévu par l'article 3 (paragraphe 5) de la loi du 22 juillet 1923, relative au statut des fonctionnaires des départements du Haut-Rhin, du Bas-Rhin, et de la Moselle, est prorogé jusqu'à l'expiration du sixième mois suivant la promulgation de la présente loi.

Un décret spécial fixera, dans un délai de trois mois, les modalités de cette option et les conditions dans lesquelles la présente loi sera appliquée aux départements du Haut-Rhin, du Bas-Rhin et de la Moselle.

La présente loi ne pourra, en aucun cas, s'appliquer à ceux qui ont servi, sans autorisation de l'Etat français, dans une armée étrangère, comme officier ou assimilé de l'armée active.

Article 84. Sont abrogées les dispositions des lois antérieures en ce qu'elles ont de contraire à la présente loi.

TITRE V.

RÉGIME FINANCIER DES RETRAITES.

Article 85. Il est créé, sous la garantie de l'Etat, en vue du service des pensions civiles et militaires accordées par la présente loi, une « Caisse des pensions », qui reçoit et capitalise : d'une part, les retenues prélevées sur les traitements, les salaires et les soldes; d'autre part, les subventions à la charge de l'Etat.

Le Ministre des finances est autorisé à ajourner la mise en œuvre de la Caisse des pensions jusqu'au 1er janvier 1928.

Article 86. La Caisse des pensions est dirigée par un conseil composé de vingt-quatre membres, savoir :

Le directeur du budget et du contrôle financier au ministère des finances ou son délégué, le directeur général de la Caisse des dépôts et consignations ou son délégué, le directeur de la Dette inscrite ou son délégué, le directeur de la comptabilité publique ou son délégué, un conseiller d'Etat et un conseiller de la Cour des comptes désignés par chacune de ces assemblées, un membre désigné par le Ministre de la guerre, un membre désigné par le Ministre de la marine, trois sénateurs désignés par le Sénat, cinq députés désignés par la Chambre, huit représentants de fonctionnaires, d'employés ou d'ouvriers élus par le personnel parmi les agents en activité ou en retraite, pour une durée renouvelable de deux ans.

Le fonctionnement administratif de ladite caisse sera déterminé par un règlement d'administration publique.

Article 87. La Caisse des pensions établit sa situation financière au 31 décembre de chaque année, en faisant ressortir, d'une part, séparément pour les pensions civiles et pour les pensions militaires, la valeur des droits liquidés et des droits en formation, et, d'autre part, le montant de son actif. Cette situation fait l'objet d'un rapport indiquant les moyens dont dispose la caisse pour assurer l'équilibre de ses ressources et de ses charges. Ce rapport est adressé au Ministre des finances et publié au *Journal officiel*.

Article 88. Les dépenses administratives de la Caisse des pensions sont assurées par des crédits inscrits au budget du ministère des finances.

Article 89. En cas d'augmentation des traitements, des soldes ou salaires des fonctionnaires et employés civils, des militaires et marins, la Caisse des pensions reçoit, à l'aide de crédits spéciaux ouverts à cet effet, par la loi même d'augmentation, le complément de réserves mathématiques nécessaire pour faire face à l'accroissement de ses charges et parer à l'insuffisance des retenues et des subventions versées antérieurement au profit des fonctionnaires, employés civils, militaires et marins en activité de service, lors de la mise en vigueur du régime nouveau.

Article 90. Les pensions attribuées conformément aux dispositions de la présente loi sont inscrites au grand-livre de la Dette publique et payées par le Trésor.

La Caisse des pensions rembourse au Trésor les arrérages payés sur les pensions concédées aux fonctionnaires entrés dans l'administration à dater de la promulgation de la présente loi, ainsi qu'à leurs veuves et orphelins.

Les conditions et délais de remboursement seront déterminés par le règlement d'administration publique prévu à l'article 91 ci-après.

Article 91. Les fonds de la Caisse des pensions, provenant des retenues et des subventions correspondantes, sont gérés par la Caisse des dépôts et consignations. Ils sont placés, sur la désignation de la Caisse des pensions et avec l'autorisation du Ministre des finances, en rentes sur l'Etat, en valeurs du Trésor, ou, jouissant de la garantie de l'Etat, en prêts aux départements, communes, colonies, pays de protectorat.

Les placements en rentes sur l'Etat, en valeurs du Trésor, ou jouissant de la garantie de l'Etat, sont effectués gratuitement par la Caisse des dépôts et consignations, moyennant le simple remboursement des droits et frais de courtage ou d'acquisition. La Caisse des dépôts et consignations ne peut se refuser à exécuter les ordres d'achat ou de vente, sauf à les fractionner, s'il y a lieu, suivant la situation du marché. En outre, pour les ordres de vente, l'autorisation préalable du Ministre des finances doit avoir été donnée à la Caisse des pensions.

Les prêts aux départements, communes, colonies ou pays de protectorat, autorisés dans les conditions ci-dessus, donnent lieu à l'établissement de traités passés entre la Caisse des pensions et les emprunteurs, pour en fixer les conditions et les modalités. Ils sont notifiés à la Caisse des dépôts et consignations qui, aux époques indiquées, verse les fonds au Trésor.

Le compte courant ouvert par la Caisse des dépôts et consignations au profit de la Caisse des pensions produit un intérêt égal à celui du compte courant de la Caisse des dépôts et consignations au Trésor. Sont imputés à ce compte les versements des retenues et des subventions.

Un règlement d'administration publique, rendu sur la proposition du Ministre des finances, après avis de la commission de surveillance de la Caisse des dépôts et consignations, déterminera les mesures d'exécution relatives à la gestion financière.

TITRE VI.

DISPOSITIONS CONCERNANT LES RETRAITES DÉJA CONCÉDÉES.

Article 92. A dater de la promulagtion de la présente loi, les fonctionnaires et employés de l'Etat, les militaires, marins et assimilés, titulaires de pensions de retraite, ainsi que leurs ayants cause, obtiendront un relèvement de leurs pensions dans les conditions indiquées aux articles ci-après :

Article 93. La pension principale des retraités visés au précédent article sera affectée tout d'abord du coefficient suivant :

Coefficient 3, jusqu'à 900 francs;

Coefficient 2,5, pour les pensions comprises entre 901 à 1.500 francs;

Coefficient 2,25, pour les pensions comprises entre 1.501 à 2.500 francs;

Coefficient 2, pour les pensions comprises entre 2.501 à 6.000 francs.

Pour les pensions supérieures à 6.000 francs, la première fraction de 6.000 francs est seule affectée du coefficient 2.

Le chiffre produit par l'application de ces coefficients sera majoré, le cas échéant, de telle sorte que la pension soit au moins égale à une pension de la catégorie inférieure affectée d'un coefficient plus élevé.

Quand plusieurs pensions sont fixées sur la même tête, le coefficient est déterminé d'après le total des pensions.

Il ne sera pas fait état, pour l'application de ces coefficients, de l'indemnité temporaire de cherté de vie allouée par la loi du 12 avril 1922, ni de tous suppléments, majorations ou compléments de pension acquis par application de la loi du 25 mars 1920.

Article 94. Il sera procédé ensuite à la revision de leur retraite d'après le décompte des services, établi lors de la liquidation initiale et sur la base des traitements et soldes afférents, au jour de la promulgation de la présente loi, aux grades et emplois occupés pendant les trois dernières années de la carrière.

La retraite, ainsi revisée, remplacera, si elle est supérieure, la pension affectée du coefficient prévu à l'article précédent.

Pour les grades et les emplois qui auraient été supprimés, des décrets en Conseil d'Etat, rendus dans les deux mois de la mise en vigueur de la présente loi, régleront, pour chaque administration, leur assimilation avec les grades et les emplois actuellement existants.

Dans les cas où il serait impossible de retrouver ou de reconstituer les états de services des intéressés, cette impossibilité matérielle serait constatée par la section des finances du Conseil d'Etat, qui déterminerait, par toutes méthodes appropriées, la catégorie de la nouvelle retraite.

Article 95. Le supplément de pension attribué par application des dispositions qui précèdent remplacera l'indemnité de cherté de vie allouée par la loi du 12 avril 1922, qui cessera d'être servie aux bénéficiaires de ces dispositions. Toutefois, les titulaires de pension, qui bénéficiaient de cette indemnité avant la promulgation de la présente loi et pour lesquels la pension augmentée du supplément n'atteindrait pas le montant de leur ancienne pension augmentée de l'indemnité, recevront un complément de pension suffisant pour que leur situation actuelle ne soit pas modifiée.

La présente loi, délibérée et adoptée par le Sénat et par la Chambre des députés, sera exécutée comme loi de l'Etat.

Fait à Paris, le 14 avril 1924.

Le Président de la République française,
A. MILLERAND.

Par le Président de la République :

Le Ministre des finances,
F. FRANÇOIS-MARSAL.

TEXTES CITÉS AUX DIFFÉRENTS ARTICLES DE LA LOI.

TEXTES CITÉS A L'ARTICLE 4.

LOI DU 30 AVRIL 1921.

ART. 57. — En attendant qu'il ait été procédé à la revision générale prévue par l'article 39 de la présente loi, des suppléments de traitements non soumis à retenue et n'entrant pas en compte pour la retraite sont accordés, à partir du 1er juillet 1921, aux membres du Conseil d'Etat, de la Cour des comptes, à tous les magistrats, aux juges de paix et aux commis greffiers.

Ce supplément est fixé à 4.000 francs par an pour les membres du Conseil d'Etat et de la Cour des comptes, les magistrats de la Cour de cassation, des cours d'appel et des tribunaux civils, ainsi que pour les juges suppléants des tribunaux, juges de paix et suppléants rétribués des juges de paix d'Algérie et Tunisie, les juges assesseurs au tribunal de la Seine et les juges suppléants au même tribunal, les magistrats affectés à la chancellerie. Il est également applicable aux deux secrétaires en chef de la première présidence et du parquet de la Cour des comptes, au secrétaire en chef du parquet de la cour d'appel de Paris, au secrétaire général du Conseil d'Etat et au greffier en chef de la Cour des comptes. Il est fixé à 3.000 francs par an pour les juges de paix de France; à 2.000 francs par an pour les juges suppléants des tribunaux de France et les attachés titulaires à la chancellerie, ainsi que les commis greffiers de la Cour de cassation, de la Cour des comptes et de la cour d'appel de Paris; à 1.200 francs par an pour les commis greffiers des autres cours, des tribunaux de première instance et du tribunal de simple police de Paris.

Il est fixé à 800 francs par an pour les greffiers de justice de paix.

LOI DU 30 AVRIL 1921

ART. 70. — Les suppléments de traitements ou d'indemnités de toute nature accordés en vertu des articles ci-dessus en attendant qu'il ait été procédé à la revision générale prévue par l'article 39 de la présente loi ou à la réforme du régime des retraites, ne sont pas soumis à retenue et n'entrent pas en compte pour le calcul de la retraite.

Ils seront alloués aux ayants droit à partir du 1ᵉʳ juillet prochain, savoir :

1° Pour 1921, dans la limite des crédits ouverts au présent budget et uniformément par catégorie;

2° Pour le surplus, en deux annuités égales, de manière que la totalité soit attribuée à partir du 1ᵉʳ janvier 1923.

LOI DU 30 AVRIL 1921.

ART. 66. — La loi du 7 avril 1908 et les articles 9 et 10 de la loi du 6 octobre 1919 sont remplacés par les dispositions suivantes :

ARTICLE 9.

« § 1ᵉʳ. — L'avancement par promotion de classe des fonctionnaires de tout ordre des cadres de l'enseignement secondaire a lieu le 1ᵉʳ janvier de chaque année, partie à l'ancienneté, partie au choix.

« § 2. — Sont promus de droit à la classe supérieure tous les fonctionnaires qui ont accompli dans la classe immédiatement inférieure le stage minimum augmenté de deux ans.

« Sous réserve de l'application des prescriptions de l'article 65 de la loi de finances du 22 avril 1905, l'avancement à l'ancienneté peut être retardé d'une année sur la proposition du recteur, après avis du comité consultatif de l'enseignement secondaire pris à la majorité des deux tiers des voix. L'ajournement motivé doit être notifié à l'intéressé.

« § 3. — Peuvent être promus au choix, dans chaque classe, dans la proportion de 30 p. 100, les fonctionnaires qui ont accompli dans une classe le stage minimum et qui n'ont pas été promus à l'ancienneté. Cette proportion est de 50 p. 100 pour les proviseurs, les censeurs, les économes des lycées de garçons, les directrices des lycées, collèges et cours secondaires, les économes des lycées de jeunes filles, les principaux de collège.

« § 4. — Le stage exigible pour l'admission à promotion à une classe supérieure est de trois ans pour les fonctionnaires agrégés et les professeurs chargés de cours en exercice dans les lycées, et de quatre ans pour toutes les autres catégories de fonctionnaires.

« Exceptionnellement, le stage en 2ᵉ classe est réduit de deux ans pour les fonctionnaires ci-après du cadre de la Seine et de Seine-et-Oise âgés de cinquante-trois ans : proviseurs et directrices classés précédemment dans le cadre des professeurs des départements; proviseurs appartenant antérieurement au cadre des censeurs de Paris, censeurs et économes.

« § 5. — Les fonctionnaires restent rangés dans leur classe actuelle. Un décret déterminera les mesures transitoires que rendrait nécessaire l'application du présent article. »

ARTICLE 10.

TITRE Iᵉʳ. — INDEMNITÉS SOUMISES A RETENUES.

« § 1. — L'indemnité d'agrégation est incorporée dans le traitement des inspecteurs généraux de l'enseignement primaire et secondaire, des proviseurs et directrices, des censeurs et des professeurs agrégés des lycées et des professeurs des écoles des arts et métiers.

« Les professeurs des collèges de garçons et de jeunes filles, les inspecteurs primaires, les inspecteurs d'académie, les directeurs, directrices, professeurs des écoles normales et primaires supérieures, pourvus de l'agrégation. reçoivent une indemnité personnelle de 1.500 francs par an.

« Les préparateurs agrégés des lycées, actuellement en fonctions, recevront l'indemnité d'agrégation.

« §. 2. *Indemnité d'admissibilité à l'agrégation (deux admissibilités).* — Les fonctionnaires de l'enseignement secondaire qui ont été deux fois admissibles à l'agrégation reçoivent une indemnité personnelle de 500 francs par an. Cette indemnité cesse d'être due quand le fonctionnaire est reçu agrégé.

« § 3. *Indemnité de doctorat.* — Les fonctionnaires de l'enseignement secondaire et primaire pourvus du doctorat d'Etat (ès lettre ou ès sciences), reçoivent une indemnité personnelle de 500 francs par an.

§ 4. *Indemnité pour les fonctionnaires des établissements secondaires hors classe.* — Tous les fonctionnaires des établissements secondaires hors classe reçoivent des indemnités personnelles fixées par les contrats intervenus entre l'Etat et les villes.

« § 5. — L'indemnité de direction de la directrice de l'école normale de Sèvres est portée à 4.200 francs.

« § 6. *Indemnités des surveillants généraux de collège.* — Les surveillants généraux de collège reçoivent une indemnité personnelle de 500 à 750 francs par an. »

TITRE II. — Indemnités non soumises a retenue.

« § 7. *Indemnité pour surveillance générale dans les établissements d'enseignement secondaire.* — Les fonctionnaires des établissements d'enseignement secondaire (autres que les surveillants généraux) qui sont chargés de la surveillance générale, reçoivent une indemnité personnelle de 500 à 750 francs par an.

« § 8. *Complément d'indemnité de direction aux principaux.* — Les principaux de collège ayant l'internat à leur compte et non chargés de chaire, peuvent recevoir, après avis du conseil consultatif de l'enseignement secondaire, un complément d'indemnité de direction compris entre 1.000 et 3.000 francs, la moyenne pour l'ensemple de ces fonctionnaires ne pouvant dépasser 2.000 francs.

« § 9. — Les heures de service normal ne sont jamais comptées que pour leur durée effective; il en est de même pour les heures supplémentaires. Tout maître de l'enseignement secondaire, primaire ou technique qui, en sus de son service normal, fait un service supplémentaire d'enseignement, reçoit une rétribution spéciale fixée, par heure de service, d'après le taux moyen du traitement de la catégorie à laquelle il appartient.

« Cette rétribution est fixée comme suit, en ce qui concerne les fonctionnaires de l'enseignement secondaire :

DÉSIGNATION.	TAUX DE L'HEURE.			
	Paris.		Départements	
Professeurs agrégés des lycées de garçons..........	1.200	»	900	»
Professeurs agrégés des lycées de jeunes filles......	1.000	»	800	»
Professeurs titulaires non agrégés.................	1.000	»	800	»
Professeurs chargés de cours des lycées de garçons.	900	»	700	»
Professeurs certifiés des lycées, collèges et cours secondaires de jeunes filles, professeurs des collèges de garçons, préparateurs et surveillants généraux licenciés des lycées.	650	»	600	»
Professeurs de dessin.	800	»	600	»
Professeurs chargés du dessin d'architecture et de machines dans les classes préparatoires aux écoles du gouvernement.	900	»	700	»
Professeurs des classes élémentaires..............	700	»	550	»
Professeurs chargés de cours non licenciés, maîtres élémentaires, professeurs de dessin (1ᵉʳ degré), maîtresses de chant, de couture, professeurs élémentaires des collèges, instituteurs et institutrices des lycées, collèges et cours secondaires, professeurs de gymnastique, répétiteurs licenciés, surveillants généraux bacheliers.	550	»	500	»
Répétiteurs bacheliers et répétitrices non certifiées.	500	»	450	»

« Les fonctionnaires de l'ordre administratif ne peuvent assurer de suppléance qu'à titre exceptionnel. Lorsque l'horaire normal entraînerait des heures supplémentaires, il pourra être réduit si le nombre des élèves dans la classe est inférieur à 10.

« L'heure d'interrogation effective sera payée 25 francs dans les lycées de la Seine et de Seine-et-Oise; 20 francs dans les lycées des départements.

« § 10. *Indemnité d'admissibilité à l'agrégation (une admissibilité).* — Les fonctionnaires de l'enseignement secondaire et primaire, en exercice ou dans la position de congé prévue par l'article 15 du décret du 9 novembre 1853, admissibles à l'agrégation, reçoivent une indemnité annuelle de 500 francs pendant deux ans, à dater de la rentrée scolaire suivante ou de leur entrée en fonction. Cette indemnité cesse d'être due lorsque le fonctionnaire est appelé au bénéfice des dispositions du paragraphe 2 du présent article.

« § 11. *Indemnité des professeurs des classes élémentaires, des professeurs bacheliers pourvus d'un certificat d'aptitude à l'enseignement d'une langue vivante.* — L'indemnité personnelle de 300 francs attribuée par l'arrêté du 25 octobre 1892, article 2, aux professeurs des classes élémentaires pourvus du certificat d'aptitude à l'enseignement d'une langue vivante (anglais ou allemand), est portée à 500 francs. Le bénéfice de cette disposition est étendu aux professeurs des classes élémentaires pourvus d'un certificat d'aptitude à l'enseignement d'une langue vivante autre que l'anglais ou l'allemand.

» Seuls auront droit à cette indemnité les professeurs en exercice lors de la promulgation de la présente loi.

« § 12. *Indemnité des instituteurs et institutrices pourvus du certificat d'aptitude à l'enseignement d'une langue vivante.* — L'indemnité personnelle de 300 francs attribuée par arrêté du 31 octobre 1892, article 3, aux instituteurs ou institutrices détachés dans les établissements secondaires de garçons et pourvus du certificat d'aptitude à l'enseignement d'une langue vivante (anglais ou allemand) est portée à 500 francs. Le bénéfice de cette disposition est étendu aux instituteurs et institutrices détachés pourvus d'un certificat d'aptitude à l'enseignement d'une langue vivante autre que l'anglais et l'allemand.

« Seuls auront droit à cette indemnité, les instituteurs et institutrices en exercice dans les lycées et collèges lors de la promulgation de la présente loi.

« § 13. *Indemnités des répétitrices des établissements secondaires de jeunes filles pourvues d'un certificat d'aptitude à l'enseignement des lettres, des sciences ou des langues vivantes.* — L'indemnité personnelle de 300 francs attribuée par arrêté du 26 février 1903 aux répétitrices des lycées de jeunes filles pourvues du certificat d'aptitude à l'enseignement secondaire (lettres, sciences ou langues vivantes) et qui participent d'une manière permanente à l'enseignement, est portée à 500 francs. Elle est acquise également aux institutrices des établissements secondaires de jeunes filles.

« § 14. *Indemnités pour suppléances éventuelles dans les établissements secondaires.* — Le tarif des indemnités pour suppléances éventuelles est fixé, pour une classe d'une heure, de la façon suivante :

Cadre de Paris.

« Classes élémentaires :

« Licenciés.. 11 francs.
« Bacheliers.. 10 —

« Autres classes :

« Licenciés.. 12 francs.
« Bacheliers.. 11 —

Départements.

« Classes élémentaires :

« Licenciés.. 10 francs.
« Bacheliers.. 9 —

« Autres classes :

« Licenciés.. 11 francs.
« Bacheliers.. 10 —

« En cas de surveillance, les tarifs ci-dessus sont réduits de moitié. »

LOI DU 16 JUILLET 1921.

Art. 21. — L'indemnité de fonctions accordée aux magistrats titulaires du ressort de la Cour d'appel de Colmar, par l'article 9 de la loi du 21 avril 1921, est supprimée à dater de la promulgation de la présente loi et remplacée par l'indemnité prévue à l'article 57 de la loi de finances du 30 avril 1921.

LOI DU 31 DECEMBRE 1921.

Art. 117. — Des indemnités temporaires sont accordées au personnel des services extérieurs des beaux-arts, conformément aux tableaux annexés à la présente loi.

Ces indemnités, en attendant qu'il ait été procédé à la revision générale des traitements prévue par l'article 39 de la loi du 30 avril 1921, ou à la réforme du régime des retraites, ne sont pas soumises à retenues et n'entrent pas en compte pour le calcul de la retraite.

Elles seront allouées aux ayants droit, à partir du 1ᵉʳ janvier 1922, en deux annuités, de manière que la totalité soit attribuée à partir du 1ᵉʳ janvier 1923.

LOI DU 30 NOVEMBRE 1922.

A accordé aux fonctionnaires des cadres supérieurs des administrations centrales et des divers services extérieurs des indemnités exceptionnelles et temporaires dont le montant a été fixé par état annexé à la loi.

LOI DU 30 JUIN 1923.

Art. 128. — L'article 94 de la loi de finances du 31 décembre 1921, relatif aux suppléments de traitements des greffiers, est ainsi complété :

« Il est fixé à 4.000 francs par an pour le greffier en chef de la Cour de cassation. »

TEXTE CITÉ A L'ARTICLE 5.

LOI DU 30 AVRIL 1921.

Art. 39. — Dans un délai maximum de quatre années à partir de la promulgation de la présente loi, une revision générale des traitements, soldes et indemnités de toute nature sera effectuée dans tous les services de l'Etat et dans les établissements publics de l'Etat dans un but de péréquation et en conformité du mouvement général des prix.

Il sera tenu compte, dans cette revision, des charges de famille des ayants droit. Elle sera préparée par une commission dont la composition sera réglée par décret rendu sur la proposition du Ministre des finances.

TEXTE CITÉ A L'ARTICLE 10.

LOI DU 8 AVRIL 1910.

Art. 85. — Le temps de surnumérariat ou de stage accompli, après l'âge de 20 ans, à l'entrée des carrières civiles, est admissible pour la constitution du droit à pension et pour la liquidation de la pension.

Lors de son admission définitive dans les cadres, le surnuméraire ou stagiaire est astreint à verser rétroactivement les retenues légales sur son traitement initial de fonctionnaire titulaire.

Pourront faire état, pour la retraite, de leur temps de surnumérariat ou de stage, les fonctionnaires titulaires en exercice lors de la promulgation de la présente loi. Toutefois, ce temps ne sera admis en liquidation qu'autant que, dans un délai d'un an, les intéressés auront effectué le versement rétroactif prévu par le paragraphe précédent.

Sont abrogées les dispositions de l'article 23 de la loi du 9 juin 1853 qui sont contraires aux dispositions qui précèdent.

TEXTE CITÉ A L'ARTICLE 15.

LOI DU 30 DÉCEMBRE 1913.

ART. 33. — Les fonctionnaires et employés civils, y compris ceux qui sont régis, au point de vue de la retraite, par l'article 14 de la loi du 5 août 1870, peuvent être détachés au service des départements, communes, colonies, pays de protectorat, pays étrangers, établissements publics ou privés. Ils conservent dans cette position leurs droits à l'avancement hiérarchique et à la pension.

Le détachement est autorisé pour une durée maximum de cinq ans, par arrêté du Ministre dont relève l'agent, sur avis conforme du Ministre des finances. Il peut être prorogé dans les mêmes formes, pour une ou plusieurs périodes égales.

L'intéressé subit les retenues légales sur le traitement d'activité qui lui serait alloué dans le corps ou service dont il est détaché.

Les retenues sont recouvrées pour le compte du Trésor, sur titres de perception établis par le Ministre des finances.

Les agents détachés ne peuvent être admis à la retraite qu'autant qu'ont pris fin les fonctions occupées en cette qualité.

Les avantages spéciaux attachés par la loi du 9 juin 1853, articles 5 (§ 2), 7 (§ 1°), 10 (§ 1°) et par la loi du 17 août 1876 à l'exercice de certaines fonctions publiques, ne sont accordés qu'aux agents détachés dans des administrations publiques françaises ou de pays de protectorat pour y exercer des fonctions de même nature (1).

---

(1) Sont admis de plein droit au bénéfice du présent article, en ce qui concerne la conservation de leurs droits à pension, les fonctionnaires et agents de l'Etat qui, pourvus d'un mandat législatif, ne peuvent, à raison de cette circonstance, continuer d'exercer leur emploi. Les fonctionnaires actuellement pourvus d'un mandat législatif bénéficieront de ces dispositions avec effet rétroactif à compter de la date de leur élection, même si leurs pensions ont été liquidées antérieurement à la promulgation de la présente loi.

Dans ce dernier cas, les retenues qui auraient dû être opérées sur leur traitement, pendant la durée de leur mandat législatif, seront précomptées sur la majoration de leur retraite consécutive à la présente loi, jusqu'à concurrence de moitié de cette majoration. (Loi du 21 octobre 1919; *Journal officiel* du 22 octobre 1919.)

TEXTES CITÉS A L'ARTICLE 29.

LOI DU 30 AVRIL 1920.

ART. 15. — La loi du 9 juin 1853 n'est point applicable aux militaires réformés pour blessures ou infirmités contractées au cours de la guerre actuelle, qui seraient admis dans les administrations de l'Etat après l'âge de 30 ans.

Des versements comprenant, d'une part, les retenues de 5 p. 100 et du premier douzième; d'autre part, des subventions égales à la charge de l'Etat, sont effectuées au nom de ces agents par chaque administration intéressée à la Caisse nationale des retraites pour la vieillesse en vue de la constitution d'une rente viagère, à l'âge de 60 ans, dans les conditions prévues par les lois du 20 juillet 1886 et du 27 mars 1911.

Au moment de leur admission dans l'administration, les intéressés indiquent s'ils entendent effectuer leurs versements personnels à capital aliéné ou à capital réservé. Ils souscrivent et remettent en même temps une déclaration faisant connaître leur état civil. S'ils sont mariés, la moitié des retenues effectuées sur le traitement est versée à leur nom, l'autre moitié au nom de la femme. S'ils sont célibataires, veufs ou divorcés, ils s'engagent à aviser l'administration en cas de mariage ultérieur, de leur changement d'état civil; le partage des versements n'ayant lieu qu'à dater de la notification du mariage à la Caisse nationale des retraites; il cesse, en outre, en cas de divorce ou de séparation de corps ou de biens.

Les versements de l'Etat sont toujours effectués, à capital aliéné, au profit exclusif de l'agent. Les rentes provenant des sommes représentant cette part contributive sont incessibles et insaisissables. Ceux desdits agents qui, nommés antérieurement à la présente loi, auraient déjà été soumis à des retenues au titre de pension civile, pourront, néanmoins, s'ils en font la demande expresse, dans le délai de six mois, au Ministre dont ils relèvent, demeurer soumis aux dispositions de la loi du 9 juin 1853. A défaut par eux de produire cette demande, ils seront affiliés d'office à la Caisse nationale des retraites dans les conditions ci-dessus fixées, avec effet du jour de leur entrée en fonctions.

LOI DU 29 AVRIL 1921.

ART. 31. — Les fonctionnaires admis dans les administrations de l'Etat après l'âge de 30 ans seront soumis aux dispositions de l'article 15 de la loi du 30 avril 1920.

Toutefois, pour les fonctionnaires qui, avant leur admission dans les cadres, auraient déjà accompli des services admissibles pour la constitution du droit à pension, l'âge fixé au paragraphe précédent sera augmenté d'un temps égal à la durée de ces services.

Le délai d'option prévu au dernier paragraphe de l'article 15 de la loi du 30 avril 1920, à l'égard des fonctionnaires qui auraient déjà été soumis à des retenues au titre des pensions civiles, courra à dater de la promulgation de la présente loi (article 31 de la loi du 29 avril 1921 portant régularisation de crédits ouverts sur l'exercice 1920).

Toutefois, les dispositions de l'article 15 de la loi du 30 avril 1920 ne seront pas applicables aux magistrats et aux juges de paix admis au service de l'Etat avant l'âge de 45 ans (article 15 de la loi de finances du 31 décembre 1921).

TEXTE CITÉ A L'ARTICLE 30.

LOI DU 30 JUIN 1923.

Art. 116. — Par dérogation aux dispositions de l'article 10 de la loi du 11 avril 1831 sur les pensions de l'armée de terre (1) en 1923 (2) :

a) Les officiers supérieurs, les généraux et les fonctionnaires militaires assimilés qui, au cours des hostilités avant le 11 novembre 1918, auraient, en vertu d'une lettre de service, exercé pendant six mois au moins, dans les grades de lieutenant-colonel, de colonel, de général de brigade, ou dans les grades correspondants, un emploi du grade immédiatement supérieur, pourront être promus à ce grade en vue de leur admission immédiate à la retraite ou dans le cadre de réserve.

Toutefois, pourront bénéficier des mêmes mesures et sans limitation du temps d'exercice de l'emploi, les officiers qui, placés entre le 11 mai 1918 et le 11 novembre 1918, dans les conditions de grade et d'emploi précisées ci-dessus, auront été cités au moins une fois à l'ordre de l'armée à la tête de l'unité qu'ils commandaient par intérim, ou blessés dans l'exercice de leur commandement

Ils bénéficieront des taux de pensions de retraite afférents à leur nouveau grade.

Jusqu'à ce qu'une nouvelle loi portant fixation des cadres et effectifs de l'armée active ait été promulguée, ces officiers ne seront pas remplacés dans leur ancien grade, ni, par conséquent, dans les cadres de leur arme ou service;

b) Le bénéfice du taux de retraite visé ci-dessus est étendu aux officiers qui, se trouvant dans les mêmes conditions et déjà promus au grade supérieur depuis moins de deux ans, demanderaient à faire valoir leurs droits à la retraite ou à être admis au cadre de réserve.

Si le remplacement de ces officiers a déjà été effectué dans l'ancien grade dont ils étaient détenteurs, le nombre des premières vacances à combler dans ce grade sera réduit en conséquence;

c) Les officiers supérieurs, les généraux et les fonctionnaires assimilés qui ont été placés dans le cadre de réserve ou admis à la retraite depuis

---

(1) Circulaire d'application n° 10547 K du 11 août 1923.

(2) Est prorogé d'un délai de six mois, à dater de la promulgation de la présente loi, le délai d'application de l'article 116 de la loi de finances du 30 juin 1923 relatif à la promotion au grade supérieur en vue de leur admission immédiate à la retraite, des officiers généraux et supérieurs ayant exercé au cours des hostilités des emplois d'un grade supérieur au leur (article 8 de la loi du 29 décembre 1923; *Journal officiel* du 30 décembre 1923, page 12145).

le 11 novembre 1918, mais qui, antérieurement à cette date, avaient rempli les conditions de commandement fixées par le paragraphe *a*) ci-dessus, pourront être nommés au grade supérieur; ceux d'entre eux qui auront ainsi été promus officiers généraux ou assimilés passeront au cadre de réserve dès promulgation de la présente loi; ils recevront une solde de réserve égale à leur pension actuelle de retraite à partir du 1" janvier 1924. La retraite ou la solde de réserve des autres officiers généraux ou supérieurs et assimilés visés dans le présent paragraphe ne sera pas modifiée (1);

d) Les officiers et fonctionnaires militaires pourvus, en qualité d'officiers de réserve, d'un grade d'officier général ou d'un grade correspondant sont placés, du jour de leur promotion au grade d'officier général ou grade correspondant, dans le cadre de réserve de l'état-major général ou de leur corps spécial, d'après les principes de l'article 37 de la loi du 13 mars 1875. Ceux d'entre eux qui sont titulaires d'une pension de retraite recevront, à partir du 1" janvier 1924, une solde de réserve dont le taux sera égal à celui de leur pension.

TEXTES CITÉS A L'ARTICLE 54.

CODE CIVIL

Art. 203. — Les époux contractent ensemble, par le seul fait du mariage, l'obligation de nourrir, entretenir et élever leurs enfants.

. . . .

Art. 205 (loi du 9 mars 1891). — Les enfants doivent des aliments à leurs père et mère ou autres ascendants qui sont dans le besoin. La succession de l'époux prédécédé en doit, dans le même cas, à l'époux survivant. Le délai pour les réclamer est d'un an à partir du décès et se prolonge, en cas de partage, jusqu'à son achèvement.

La pension alimentaire est prélevée sur l'hérédité. Elle est supportée par tous les héritiers, et, en cas d'insuffisance, par tous les légataires particuliers, proportionnellement à leur émolument.

Toutefois, si le défunt a expressément déclaré que tel legs sera acquitté de préférence aux autres, il sera fait application de l'article 927 du Code civil.

Art. 206. — Les gendres et belles-filles doivent également, et dans les mêmes circonstances, des aliments à leurs beau-père et belle-mère; mais cette obligation cesse :

1° Lorsque la belle-mère a convolé en secondes noces;

2° Lorsque celui des époux qui produisait l'affinité, et les enfants issus de son union avec l'autre époux, sont décédés.

---

(1) Modalités du payement de la première solde de réserve (circulaire n° 055 4/5 du 19 décembre 1923).

Art. 207. — Les obligations résultant de ces dispositions sont réciproques.

. . . .

Art. 214. — La femme est obligée d'habiter avec le mari, et de le suivre partout où il juge à propos de résider; le mari est obligé de la recevoir et de lui fournir tout ce qui est nécessaire pour les besoins de la vie, selon ses facultés et son état.

. . . .

Art. 2101. — Les créances privilégiées sur la généralité des meubles sont celles ci-après exprimées, et s'exercent dans l'ordre suivant :

1° Les frais de justice;

2° Les frais funéraires;

3° (loi du 30 novembre 1892) : « Les frais quelconques de la dernière maladie, quelle qu'en ait été la terminaison, concurremment entre ceux à qui ils sont dus »;

4° Les salaires des gens de service, pour l'année échue et ce qui est dû sur l'année courante;

5° Les fournitures de subsistances faites au débiteur et à sa famille, savoir, pendant les six derniers mois, par les marchands en détail, tels que boulangers, bouchers et autres; et, pendant la dernière année, par les maîtres de pension et marchands en gros;

6° (loi du 9 avril 1898) « La créance de la victime de l'accident ou de ses ayants droit relative aux frais médicaux, pharmaceutiques et funéraires, ainsi qu'aux indemnités allouées à la suite de l'incapacité temporaire de travail, est garantie par le privilège de l'article 2101 du Code civil et y sera inscrite sous le n° 6. »

TEXTE CITÉ A L'ARTICLE 64.

LOI DU 27 AVRIL 1920.

Art. 2. — Ces pensions, ainsi que celles dues à raison des droits qui sont ouverts à partir du 2 août 1914, par suite d'infirmités ou de décès résultant d'événements de guerre, d'accidents de service ou de maladies, sont concédées par arrêté interministériel signé par le Ministre des pensions et par le Ministre des finances.

Ces pensions ne seront soumises à l'examen de la section des finances, de la guerre, de la marine et des colonies du Conseil d'Etat que dans les deux cas suivants :

1° Lorsqu'il y aura désaccord entre le Ministre liquidateur et le Ministre des finances;

2° Lorsque le renvoi sera demandé par l'un des Ministres intéressés.

TEXTES CITÉS A L'ARTICLE 78.

LOI DU 31 MARS 1919.

ART. 59 (modifié par la loi du 30 juin 1923, art. 117). — Les officiers de carrière et les militaires ou marins rengagés qui n'ont pas accompli un nombre suffisant d'années de services pour avoir déjà droit, soit à la pension proportionnelle, soit à la pension d'ancienneté et qui ont été réformés pour infirmités attribuables au service comportant l'octroi du bénéfice des campagnes de guerre pourront opter pour une pension composée, pour chacune de leurs années de services, d'autant de fractions (1/30° ou 1/25°, suivant leurs armes et leurs grades) du minimum de la pension d'ancienneté de leur grade, et augmentée, pour les campagnes dont ils bénéficient, du total de leurs annuités d'accroissement.

Cette pension sera, uniformément pour tous les grades, majorée d'une somme égale à la pension d'invalidité allouée à un soldat atteint de la même infirmité.

La disposition qui précède profitera aux militaires réformés pour invalidité avant la guerre et qui auront repris du service depuis le 2 août 1914.

....

....

ART. 60. — Les militaires ou marins titulaires d'une pension d'ancienneté, d'une pension proportionnelle ou d'une pension de réforme, ou en possession de droits à l'une de ces pensions, qui auraient été atteints, au cours de la guerre actuelle, d'infirmités susceptibles d'ouvrir droit à pension ou à gratification, peuvent opter :

1° Soit pour la pension d'infirmités afférente à leur grade, le service de cette pension comportant la suspension de la pension d'ancienneté, de la pension proportionnelle ou de la pension de réforme dont ils auraient la jouissance ou qui viendrait à leur être concédée;

2° Soit pour la pension d'ancienneté, la pension proportionnelle ou la pension de réforme, auquel cas il leur sera attribué, à titre définitif ou temporaire, suivant que l'infirmité est ou non incurable, une majoration uniforme pour tous les grades, dont le taux sera égal à celui des pensions allouées aux soldats atteints de la même invalidité.

L'option ainsi exercée, tant en vertu du présent article que de l'article précédent, sera définitive; mais, dans le cas où le militaire ou marin aurait opté pour la deuxième alternative, sa veuve ou ses orphelins pourront; néanmoins, s'ils n'ont droit à réversion que du chef de la pension pour infirmités allouée à titre complémentaire, obtenir une pension calculée comme si le mari ou le père avait opté pour la première alternative.

TEXTE CITÉ A L'ARTICLE 78.

LOI DU 25 JUIN 1914.

ART. 1ᵉʳ. — Les agents du service actif des douanes, les préposés et agents des eaux et forêts, jusques et y compris le grade d'inspecteur, ont droit à pension dans les conditions générales de la loi du 9 juin 1853. Ils n'ont à justifier que de vingt-cinq ans de services et de 50 ans d'âge s'ils sont admis à la retraite au titre de l'ancienneté.

TEXTES CITÉS A L'ARTICLE 79.

LOI DU 18 AVRIL 1831.

ART. 10 (modifié par la loi du 13 juillet 1911, art. 127). — La pension se règle sur le grade dont l'officier est titulaire.

Si, néanmoins, il demande sa retraite avant d'avoir au moins deux ans d'activité dans ce grade, la pension se règle sur le grade immédiatement inférieur.

. . . .

ART. 127. — C) Aucun gouverneur général ou gouverneur, aucun résident supérieur en Indo-Chine, aucun secrétaire général des colonies ne peut prétendre à la pension de son grade que s'il en a effectivement exercé les fonctions aux colonies, savoir :

Pendant deux ans au moins, si la retraite est prononcée sur sa demande pour ancienneté de services;

Pendant un an au moins, si elle est prononcée soit d'office, soit pour blessures ou infirmités.

Pour les autres fonctionnaires et agents coloniaux placés sous le régime de la loi du 18 avril 1831, les articles 10 et 18 de cette loi sont modifiés ainsi qu'il suit :

« ART. 10. — La pension se règle sur le grade dont l'agent a, en dernier lieu, exercé effectivement les fonctions aux colonies pendant deux ans au moins, ou, en cas de retraite d'office, pendant un an au moins. »

« ART. 18. — La pension pour blessures ou infirmités se règle sur le grade dont l'agent a, en dernier lieu, exercé effectivement les fonctions aux colonies.

« Les pensions de veuves ou orphelins de ces mêmes fonctionnaires sont réglées sur le grade dont le mari ou le père a, en dernier lieu, exercé effectivement les fonctions aux colonies.

« A partir du 1ᵉʳ janvier 1912, nul ne pourra plus être admis dans un cadre colonial susceptible de conduire à une pension du régime de la loi du 18 avril 1831 s'il ne réunit les conditions d'âge et de service lui permettant d'obtenir à 55 ans d'âge une pension pour ancienneté de services. »

LOI DU 5 AOUT 1879.

Art. 2. — Ont droit à la pension, après vingt-cinq ans de service, les fonctionnaires, agents et autres, qui réunissent six ans de navigation au service de l'Etat, tant sur les bâtiments de l'Etat que sur les navires de commerce au compte de l'Etat ou de service dans les colonies.

Dans aucun cas, le service des colonies ne motivera de réduction sur la durée légale des services que pour les individus envoyés d'Europe.

. . . .

. . . .

LOI DU 30 JUIN 1923.

(Portant fixation du budget général de l'exercice 1923.)

Art. 111. — Ne pourront être mis à la retraite avant 60 ou 65 ans, selon qu'ils appartiennent au service actif ou au service sédentaire, les fonctionnaires civils qui désireront conserver leurs fonctions, à condition qu'au moment où ils atteindront leur cinquante-cinquième ou soixantième année, ils soient pères d'au moins trois enfants vivants et soient en état de continuer à exercer leur emploi.

Un conseil d'enquête, dont un règlement d'administration publique, déterminera la composition, sera appelé à donner son avis sur l'état d'incapacité du fonctionnaire, de continuer l'exercice de ses fonctions, au cas où l'administration invoquerait cette incapacité pour lui refuser le bénéfice de la présente disposition.

Les dispositions du présent article sont applicables à l'Algérie, aux colonies et aux pays de protectorat.

. . . .

. . . .

. . . .

TEXTE CITÉ A L'ARTICLE 83.

LOI DU 22 JUILLET 1923.

Art. 3. — . . . .

. . . .

Dans un délai de six mois à partir de la promulgation de cette loi, tout fonctionnaire du cadre local aura le droit de renoncer au bénéfice des dispositions du statut local pour être régi intégralement par les règles générales établies pour les fonctionnaires du cadre français.

TABLE ALPHABÉTIQUE.

CHARLES-LAVAUZELLE ET Cⁱᵉ. — PARIS, LIMOGES, NANCY.

Imprimerie et Librairie militaires CHARLES-LAVAUZELLE & Cie

SOCIÉTÉ EN COMMANDITE PAR ACTIONS AU CAPITAL DE 3.500.000 FRANCS

PARIS, 124, Boulevard Saint-Germain (6e) — NANCY, 53, rue Stanislas — 62, Avenue Baudin, LIMOGES

Dictionnaire des connaissances générales utiles à la gendarmerie, par le général **AMADE** et le colonel **CORSIN** (21e édition, revue, corrigée et mise à jour en novembre 1920 par un comité de jurisconsultes). 894 pages.......... **10 »**

Guide-formulaire de la gendarmerie dans l'exercice de ses fonctions de police judiciaire, civile et militaire, par Etienne **MEYNIEUX**, docteur en droit, contenant plus de 400 formules de procès-verbaux appropriés à toutes les circonstances et répondant à tous les besoins. 584 pages, relié pleine toile gaufrée... **10 »**

Répertoire général pratique à l'usage des militaires de tous grades de la gendarmerie (à jour au 1er décembre 1910). 190 pages....................... **3 »**

Manuel pratique à l'usage des militaires de tous grades de la gendarmerie, par le **capitaine LAMOTTE** (10e édition 1924). In-12 de 1006 pages...... **10 »**

Manuel des théories à l'usage de la gendarmerie, par un officier supérieur de l'arme (34e édition, à jour jusqu'au 20 juillet 1914). 296 pages............ **4 50**

Carnet-guide du gendarme, dressé sous forme de questionnaire par demandes et réponses sur les lois et règlements à l'usage de la gendarmerie (25e édition, revue et mise à jour au 1er mars 1923). 246 pages.................... **3 »**

Modèles d'analyses de procès-verbaux pouvant s'appliquer à tous les cas qui se rencontrent dans le service de la gendarmerie (7e édition, revue, corrigée et augmentée). 16 pages.. **» 75**

Guide-Manuel du garde champêtre dans l'exercice de ses fonctions d'officier de police judiciaire, par Jos. **BELHOMME**, commissaire spécial. 40 pages. **» 75**

Nouveaux Codes français et lois usuelles civiles et militaires. Recueil spécialement destiné à l'armée et à la gendarmerie (26e édition, 1923). In-12 de 1382 pages, relié toile gaufrée.. **12 »**

Droits et attributions de la gendarmerie en matière de douanes, contributions indirectes, affiches, timbres de quittance, etc. 108 pages............... **2 25**

Loi du 3 mai 1844 sur la police de la chasse, modifiée par la loi du 22 janvier 1874, annotée, commentée et mise à jour (11e édition). 46 pages.......... **1 50**

Lois sur la pêche fluviale, à l'usage de la gendarmerie, annotées, commentées et mises à jour (15e édition). 68 pages.................................... **1 »**

Décret du 31 décembre 1922 (« Code de la route ») portant règlement sur la police de la circulation et du roulage, annoté, à l'usage des militaires de la gendarmerie, avec les circulaires et instructions pour son application et de nombreux modèles, figures ou croquis (4e édition, 1er avril 1924). 150 pages........ **3 »**

Règlement sur la circulation des automobiles, suivi des instructions et circulaires pour son application. 96 pages.................................... **1 50**

Lois et décrets sur la police rurale et la police sanitaire des animaux (édition à jour jusqu'en juillet 1912). 190 pages.................................... **1 50**

Instruction sur la police des chiens, suivie de la loi du 2 juillet 1850 relative aux mauvais traitements exercés envers les animaux domestiques (3e édition, revue et augmentée). 24 pages... **» 40**

Loi du 23 janvier 1873 sur l'ivresse publique (4e édition, annotée, commentée et mise à jour). 22 pages.. **» 45**

Loi du 29 décembre 1900 concernant le régime des boissons, suivie du décret du 18 janvier 1901 réglementant la production directe ou indirecte de l'alcool. 24 pages.. **» 40**